Scintille Feltrinelli

Paolo Rumiz

VERRANNO DI NOTTE

Lo spettro della barbarie in Europa

Published by arrangement with The Italian Literary Agency

Prima edizione in "Scintille" maggio 2024

Stampa Grafica Veneta S.p.A. di Trebaseleghe - PD

ISBN 978-88-07-17448-3

FSC
www.fsc.org
MISTO
Carta
da fonti gestite in
maniera responsabile
FSC® C021883

GRAFICA VENETA
GV CARBON NEUTRAL

Questo libro è stampato da Grafica Veneta S.p.A.
con un processo di stampa e rilegatura certificato 100% carbon neutral
in accordo con PAS 2060 BSI

Verranno di notte

Des loups sont entrés dans Paris
L'un par Issy, l'autre par Ivry.

ALBERT VIDALIE, LOUIS BESSIÈRES, *Les loups sont entrés dans Paris*

aprile 2024

Mezzanotte

Gli idioti

E chi dorme stanotte.
Tira un vento di malaugurio
puzza di carne bruciata, kerosene e gas di scarico
il mio naso è un anemometro, non sbaglia
avverte un fetore inconfondibile
come quando un razzo antitank fa saltare un blindato con uomini dentro
vi auguro di non sentirlo mai quell'odore
è lo stesso tanfo dei poteri selvaggi che ci schiacciano
puzza di censura sul libero pensiero
i miei occhi vedono gente che tace e si adegua
le orecchie sentono dire "nazione" con frequenza sospetta
la lingua sta cambiando
la parola "libertà" si ascolta sempre meno
anche "pace" è bocciata, è sinonimo di codardia
nella mia Italia e altrove i ragazzi che portano la sua bandiera sono presi a manganellate
giovani schedati come criminali

giovanissimi anzi, quasi bambini
hanno dovuto ricoverarli in Pediatria
ragazzini odiati in quanto tali in un'Europa di vecchi
impudenti che osano chiedere un futuro di fratellanza e non di guerra
e non sanno che il cambiamento in peggio è già partito, dal vocabolario
leggete subito Victor Klemperer, che lo mostrò col nazismo
ormai la parola "identità" dilaga fino a perdere senso
non serve più a dire chi sei e da dove vieni
ma a cercar la rissa e a sdoganare armi
"identità", stessa radice di "idiotes"
che in greco vuol dire "quelli ripiegati su sé stessi"
o meglio ancora: "quelli che vivono guardandosi l'ombelico"
come mi spiegò un vecchio in un'isola dell'Egeo mostrandosi la pancia
gli idioti, quelli che hanno paura della complessità del mondo
e non si lasciano fecondare dall'incontro con l'Altro.

I sonnambuli

Stanotte missili iraniani sorvolano la Spianata delle Moschee a Gerusalemme.

Un fiume di gente, imprigionata nel ghetto di Gaza, ha cercato di raggiungere il Nord della Striscia, ma è stata fermata dall'esercito israeliano che ha fatto cinque morti.

L'Europa non dorme. Forse ha dormito anche troppo finora.

Si comincia con la guerra economica, poi c'è l'economia di guerra, poi la guerra vera.

Lo dice, di giorno, il colore smorto del cielo. Lo conferma la Terra sfinita, e quel maledetto odore.

I poveri se ne sono accorti da tempo, i ricchi non ancora. La vecchia Europa si illude di esserne fuori, e invece ci sta entrando dentro fino al collo, scivola sul piano inclinato, da sonnambula, come nel 1914.

Orwell è entrato a Bruxelles.

I princìpi fondanti della Costituzione europea sono in macerie.

Difenderli è diventato eversivo.

L'Unione, Nobel per la pace 2012, importa milioni di granate, le rastrella su qualsiasi mercato, a qualsiasi prezzo.

Europa col nemico alle porte, ideale vacca da mungere per l'industria bellica e i fondi di investimento che la sostengono.

Un'Europa che pare la Germania prima della Grande guerra: indebitamento, spese militari, disinformazione, opacità senza responsabilità.

Big Food, Big Chemical, Big Pharma e i mercati d'armi spadroneggiano, fanno in Europa quello che in America non possono.

Sono loro a dettare l'agenda.

Non ci governa più la politica ma la voracità dell'economia, la bulimia predatoria del Pil.

Si privatizza, si delega, si appalta e subappalta, e l'edificio pubblico si crepa, il personale ridotto al minimo, gli ospedali fatti a pezzi, le scuole chissenefrega, i treni al collasso dalla Germania alla Grecia.

Momento cruciale per un Continente al bivio fra autodistruzione e slancio ideale.

E intanto ci si è già persi in un pandemonio di guerre simultanee, guerre infinite che nessuno vincerà: né Israele né Gaza, né Mosca né Kiev, né la Russia né l'Europa

guerra delle nazioni contro l'Europa e delle nazioni contro sé stesse

guerra economica tra America e Cina

guerra civile all'interno della stessa America

tornano i reticolati, i confini si richiudono, ognuno si scava la sua trincea, ormai è guerra di tutti contro tutti

guerra contro i poveri, contro le vite umane che migrano

contro le istituzioni democratiche

contro la sacralità della Terra, contro la natura che non ne può più di noi

guerra persino contro Dio, talvolta ci si mettono anche i preti, con imam e rabbini

la parola "contro" dilaga, il "per" è scomparso dal vocabolario

e c'è un fascismo nuovo che trionfa: il fascismo della rete, che ci rintrona, ci domina e divide.

L'innesco

Ravvivo il fuoco, la gatta si stiracchia accanto alla stufa. Sotto il pavimento sento un rosicchiare impercettibile, come di topo. È la galleria ferroviaria che stanno scavando cinquanta metri sotto il villaggio.

È come se un esercito di tombaroli lavorasse a una rete di cunicoli per minare le fondamenta della montagna.

Si sente specialmente di notte, e oggi la notte è nera come la lava.

Di notti fatali è piena la storia. Notte dei cristalli, di San Bartolomeo, del Gran consiglio. Notte dei lunghi coltelli.

Chissà se anche quelle sono state annunciate da qualche presagio.

Ho imparato che la guerra è perfida. Ti frega. Si ripete con periodica regolarità, e ogni volta allo stesso modo. Eppure sembra sempre una cosa irreale, impossibile, qualcosa che tocca solo agli altri.

Basta studiare l'innesco del primo conflitto mondiale.

Per il centenario del 1914 ero tornato al fronte. Con l'amico regista Alessandro avevo viaggiato dalla neve in Ucraina alle trincee della Fiandra, sempre parlando con la gente, per capire cosa era rimasto dell'evento.

Poi, a un certo punto, a Occidente qualcosa si è inceppato. Eppure eravamo di fronte a una memoria invidiabile e magnificamente strutturata. Visite guidate a campi di battaglia, sacrari, cimiteri militari e musei esemplarmente gestiti. Avevamo bevuto e cantato *It's a Long, Long Way to Tipperary* con degli inglesi in pellegrinaggio sui campi di battaglia dei loro bisnonni.

Ma sentivo che qualcosa non andava. E quel qualcosa era che, sul fronte occidentale, la guerra era come un reperto in vitro, chiuso in una bacheca, e dava l'illusione di essere cosa d'altri tempi, quindi irripetibile. Dunque, impossibile.

Die Katastrophe

All'inizio del 1914 solo in pochi intuivano la catastrofe imminente. La guerra, chi se la ricordava...

Rovisto nei miei faldoni, ed ecco emergere la fotocopia di un manifesto di quell'anno, che invoca la fondazione di un'unione fra Stati e imperi in Europa. Titolo: *Europäischer Staatenbund.*

Quel proclama era saltato fuori per caso, anni prima, mentre cercavo tra vecchie scartoffie dell'archivio storico delle Assicurazioni Generali, nel caveau della loro prima sede triestina.

A volte le carte, un po' come i libri, fanno di tutto per farsi trovare.

La firma in testa al manifesto è di Edmund Richetti von Terralba, ex amministratore delegato della società ed esponente di spicco della comunità ebraica triestina. La data: maggio 1914. Un mese prima dell'attentato di Sarajevo.

Premessa: nei primi mesi del '14, Trieste è un emporio che trabocca di traffici. Gli affari della compagnia non sono mai andati così bene, e per questo Richetti è stato nominato conte dall'imperatore Franz Joseph.

L'economia va a gonfie vele, eppure il grande assicuratore è inquieto. Anzi, terrorizzato. Le filiali di mezza Europa mandano brutti segnali. I debiti e le spese militari del Continente hanno raggiunto punti di non ritorno. Nel documento, i dati sono esposti su tabelle, con pignoleria asburgica.

Il rischio è quella che von Terralba chiama “eine entsetzliche Katastrophe”, una spaventosa catastrofe, che solo pochi riescono a prevedere.

L’unica via d’uscita, scrive, è un’alleanza immediata fra Paesi, di cui l’imperatore d’Austria dovrebbe farsi promotore. Ma l’imperatore è lo stesso che, due mesi dopo, dichiarerà guerra alla Serbia scatenando la catastrofe che avrebbe dovuto scongiurare.

Chissà se oggi, nelle menti del capitale finanziario, esiste una capacità di visione così lucida e nello stesso tempo così autonoma. Oppure se, invece, c’è solo un perverso interesse al peggio. L’economia delle catastrofi.

Il cuscinetto

Con le nazioni ho il dente avvelenato. Un conto personale da regolare.

Sono di Trieste, c’è da capirmi.

Le nazioni hanno sfasciato il mio impero, che era un’Europa in miniatura.

Anzi, più Europa di tutti gli altri imperi, perché non aveva colonie e bastava a sé stesso.

Non era il migliore dei mondi possibili, ma tutti andavano a scuola e la burocrazia era onesta.

Dal porto di casa mia si raggiungevano tre continenti. E poi banche, assicurazioni, teatri, chiese di tutte le confessioni e religioni.

Il vecchio Franz non si rivolgeva al popolo, ma ai suoi popoli.

I palazzi di Trieste sul fronte mare portano ancora i segni di quell'epoca d'oro.

L'Altissimo aveva piazzato l'Austria-Ungheria proprio in mezzo, a far da cuscinetto fra l'Europa delle steppe e l'Europa dei mari.

C'è un posto, nel cuore della polveriera balcanica, che indica come l'Europa imperiale fosse più seria di quella di oggi. La chiesa della pace di Sremski Karlovci sul Danubio, in territorio serbo.

Quando nel 1699 gli Asburgo scelsero di chiudere da vincitori la guerra col Turco, costruirono su una collina un edificio in legno con all'interno una tavola rotonda destinata a mettere sullo stesso piano tutti gli attori della trattativa. E fu la pace di Carlowitz, che sancì tra i due Paesi uno dei confini più longevi della storia d'Europa. Lo stesso che oggi separa la Bosnia dalla Croazia.

Due secoli dopo, l'Austria decise di trasformare l'edificio in una cappella egualmente rotonda e con quattro ingressi equidistanti: uno per i cattolici, uno per gli ortodossi, uno per i musulmani e uno per gli ebrei. Una vana speranza di pacificare il vespaio balcanico. E un'attenzione commovente ai simboli, che oggi abbiamo perduto.

Lo stesso vale per i cimiteri militari austroungarici della Grande guerra sul fronte orientale, dove il nemico russo venne accolto con pari dignità, in un abbraccio fraterno che si sperava portasse alla pace.

Capisco perché l'hanno fatto a pezzi, l'impero dei miei nonni. Quella congerie di popoli uniti dava proprio sui nervi alle nazioni. Gli andava specialmente di traverso la pretesa dell'Austria-Ungheria di far da cuscinetto tra due mondi, per evitare conflitti.

Oggi, in assenza di imperi, tutti sognano di allargarsi. Gridano: "È mio, è mio!", sognano una Grande Serbia, una Grande Albania, una Grande Ungheria, una Grande Bulgaria. Intanto la Grecia detesta la Macedonia, e la Croazia si sente antemurale della cristianità cattolica.

Oggi che lo spazio cuscinetto è saltato e la Nato si è spinta a est a contatto con l'altra Europa, gli effetti si vedono. Russia e Occidente si ringhiano addosso, per la felicità dei mercanti d'armi e della mafia mondiale. Col rischio di un effetto domino simile a quello del 1914.

Un grande risultato.

Vecchi binari

La vecchia linea ferroviaria corre nel bosco a meno di un chilometro da casa, in direzione est. Con la Bora, il passaggio dei convogli pare vicinissimo.

È un tracciato per treni lenti.

Così lenti che, quando vado a camminare, là dove il sentiero costeggia i binari riesco a salutare il macchinista, e quello fa in tempo a rispondermi facendo fischiare la motrice.

Un secolo fa la rete ferroviaria europea era assai più fitta di quella di oggi, che l'economia ha imposto di impoverire delle linee minori. L'idea di un'unione continentale è nata da quel grandioso sistema integrato, e dalla necessità di unificare gli orari superando le differenze fra nazioni. Poi, per un tremendo contrappasso, è stata quella stessa rete, riempita di tradotte militari, a mettere il mondo a ferro e a fuoco.

Stanotte mi par di sentire un sordo rumore di scambi. Uno sferragliare di treni che vanno al fronte, con uomini e cavalli.

La mia è una linea carica di memorie e presagi. Anni fa la presi per andare in Ucraina via Budapest, a raccontare il fronte orientale della Grande guerra. Il più dimenticato, "die vergessene Front".

Fu un viaggio nel tempo. "Acht Pferde oder zwei und vierzig Männer" – otto cavalli o quarantadue uomini – per vagone, come nel 1914.

Percezioni. Nient'altro che percezioni. Ma mi fido più di quelle che delle analisi e degli analisti.

Lontano dal martellare delle notizie, in un posto come questo dove non succede niente, si ha molto più tempo per immaginare, e avere un quadro completo.

Ora è come se sentissi il deragliamento di un intero continente. Un movimento tellurico.

Quello dell'elettorato europeo che devia sul binario di destra.

Con l'eccezione delle ultime settimane, le previsioni elettorali lo confermano.

I populisti antieuropeisti sarebbero in vantaggio in

nove Paesi. Austria, Belgio, Repubblica Ceca, Francia, Italia, Olanda, Polonia, Slovacchia, Ungheria.

In altri nove Stati dovrebbero essere secondi o terzi.

Durante la prima crisi dei rifugiati, che vide la Germania aprire indiscriminatamente le porte ai richiedenti asilo, Merkel e Orbán erano visti come oppositori politici. Oggi il magnetismo degli "orbaniani" rischia di attirare a destra anche i centristi conservatori.

All'orizzonte, una contraddizione in termini: un'Europa gestita da antieuropei.

Un'accozzaglia di sovranismi destinata a implodere e affondare l'Unione.

E intanto il treno va nella pioggia, col suo battere sincopato nella notte. Lo immagino andar via solitario sotto la luna, tra sbuffi di nebbia e vapore, come il *Downtown Train* di Tom Waits.

L'antidoto

Europeo, non conoscerai la tua terra in aereo.

Ti servirà il treno, la corriera o la bicicletta per entrare nella verità dei Paesi.

Il viaggio lento è il più grande antidoto ai pregiudizi nazionali.

È il confronto più diretto con l'Altro, un inestimabile strumento di conoscenza.

A Bruxelles, un giorno dissi a sconcertati funzionari che la forza del mito europeo si sentiva più fuori dalla Ue che dentro i suoi confini.

Dissi che, prima di entrare in servizio, i burocrati di Bruxelles avrebbero dovuto passare un anno sabbatico nelle periferie più derelitte dell'Unione, muovendosi con i mezzi pubblici.

Ci fu un mormorio tra le moquette del palazzo.

Con Monika, fantastica reporter che conosce come nessuno quelle periferie dimenticate d'Europa, avevo viaggiato da Murmansk al Mar Nero, avvertendo cose che nessun ambasciatore sarebbe stato in grado di percepire.

L'irrigidirsi dell'orso russo, deluso dall'Occidente.

La corruzione dilagante nei Paesi ex comunisti passati alla democrazia.

La discriminazione dei nuovi entrati nell'Ue verso le minoranze ex sovietiche.

La memoria tremenda di polacchi, baltici e degli altri ex sovietici, vissuti sotto il tallone di due totalitarismi.

Avevamo sentito, in anticipo di quattordici anni, la paura degli ucraini di una guerra fra la Russia e la Nato.

Per capirlo, era bastato salire sui mezzi pubblici e ascoltare la gente.

Era il 2008, ma il futuro era già nell'aria.

Mappe

Per fortuna c'è l'ironia.

Maurizio, romagnolo, costruisce mappamondi e vende carte geografiche. È un uomo caustico e colto, dalla battuta micidiale.

Il suo è un mestiere fuori moda, ma gli consente di leggere l'idiozia delle nazioni, che si sbranano per brandelli di territorio. Questo gli ispira storielle da sbellicarsi.

Chi produce mappe, mi ha spiegato, subisce pressioni. Al momento di chiudere i contratti con le fiere internazionali, il cartografo riceve continue richieste di modifiche. Solo che i suggerimenti non arrivano direttamente dai grossisti, come sembrava in un primo momento. Arrivano da funzionari di Stato o ambasciate.

Fino a ieri si riusciva a rintuzzare tali pretese, ma da un po' gli Stati nazionali intervengono direttamente, minacciando di far saltare gli accordi per un dettaglio anche minimale. Ragion per cui, ride Maurizio, stiamo tutti sfornando "mondi personalizzati, con diversi nomi, confini e colori, a seconda dei gusti patriottici degli acquirenti".

Figurarsi ora, con tutte le guerre in atto.

Per capire in anticipo gli appetiti delle nazioni non serve frequentare ministeri, uffici studi, ambasciate. Basta guardare le mappe. Funziona meglio di un Risiko. Ascoltando Maurizio, è come se le guerre iniziassero sulle mappe prima che sul territorio, e a volte par davvero di veder lampeggiare cannonate, per esempio, tra le scritte "Poltava" e "Kirovograd", sui due lati della striscia verde pallido del Dnepr.

La pressione diplomatica sui geografi è così tragicomica che Maurizio ci ha scritto su un racconto, dove il costruttore di mappamondi impazzisce perché il grossista russo vuole confini nuovi con l'Ucraina, più a ridosso del Dnepr, altrimenti annulla l'ordine di acquisto, oppure perché il governo inglese preme per far ridipingere di rosa le Isole Falkland.

I turchi sono particolarmente pignoli: impongono di togliere la scritta KURDISTAN e di mettere un accento sopra la "I" di Istanbul. E poi attenzione: i colori di Grecia e Turchia sono troppo simili, e non va bene, perché i due si detestano.

Rido solo a ripensarci. Ma in realtà Maurizio mi indica uno dei terreni migliori su cui affrontare la hybris crescente delle nazioni: la parodia. Un'arma formidabile contro la stupidità della corsa agli armamenti.

A patto che l'ironia sia ancora di questo mondo.

La faglia

Robert Kaplan! Come ho fatto a dimenticarmi della visita che fece qualche anno fa a Trieste? Kaplan, l'autore di *The Revenge of Geography*, un libro che avevo letto e riletto, e che spiegava come a determinare gli eventi fosse più la geografia che i popoli e le idee.

Il mondo è fisico, scrive il Nostro, e noi ce ne siamo dimenticati a furia di lavorare su uno schermo piatto che non fa percepire né i dislivelli né le millenarie cicatrici che la natura e l'uomo hanno inflitto alla crosta terrestre.

Con la geografia abolita nelle scuole di mezza Europa, incontrare quell'uomo significava per me consumare la mia personale vendetta contro una scelta didattica suicida. Se non ti occupi di geopolitica, diceva quella pericolosa volpe di Henry Kissinger, allora sarà la geopolitica a occuparsi di te. E potrebbe non essere un'esperienza piacevole.

Però, che bisogno aveva di parlare proprio a me, un uomo che aveva collaborato con presidenti degli Stati Uniti e le maggiori riviste mondiali?

Ebbi la risposta quando ci ritrovammo in una saletta dell'hotel Ai Duchi. Kaplan doveva scrivere un libro sull'Adriatico e cercava qualcuno che sentisse le vibrazioni della linea di faglia rappresentata dal mio confine. E le linee di faglia sono dannatamente interessanti, perché "sentono" in anticipo gli eventi.

Che ragionamento si nascondeva dietro alla scelta di Kaplan? Trieste non era più un covo di servizi segreti alla frontiera dell'Occidente col mondo del grande freddo. Nel giornale locale (per cui lavoravo) non c'era più, tra i giornalisti, l'uomo di fiducia della Cia. Ma un motivo per monitorare il mio mare l'americano doveva averlo.

Solo in seguito capii che c'era di mezzo la Cina, che mirava a fare di Trieste il capolinea di una nuova Via della Seta per penetrare in Europa. E Trieste era effettivamente il canale più rapido, sulla rotta di Suez.

Gli Stati Uniti, ovviamente non gradivano. E difatti, di lì a poco, la direzione del porto fu messa in guardia dal procedere oltre, mentre la massoneria locale di fede atlantista sollevava un polverone contro il "pericolo giallo".

Aveva visto lungo, l'americano. Oggi, con l'Ucraina in fiamme, il Mar Rosso meno accessibile causa la guerra di Gaza e i Balcani diventati retrovia del fianco est della Nato, la scelta adriatica si mostra in tutta la sua attualità.

Mondo di ieri

È preferibile non ascoltare il colonnello Markus Reisner, storico militare e membro emerito dello stato maggiore austriaco. Provoca crolli depressivi. Al termine delle sue relazioni, capita di dover uscire all'aperto a fumare una sigaretta in silenzio, per liberarsi dall'ansia.

Reisner non indora le parole. Il suo esercito non appartiene alla Nato, dunque è più libero di dire la verità, anche se la posizione filoucraina del suo governo è chiara.

La verità cruda del colonnello è che l'Occidente non vede le cose come stanno e sottostima drammaticamente la Russia, la cui macchina militare marcia a pieno regime con una produzione di mezzi pesanti superiore al previsto. Il che fa temere che Mosca possa spingersi fino alle porte di Kiev, e magari oltre.

Un altro suo concetto è che l'Europa vive una fase "post eroica", nel senso che nessun europeo d'Occidente ha più voglia di combattere, sia pure per difendere la patria. Figurarsi per la libertà delle patrie altrui. Tutte cose che Putin sa benissimo.

Ma la verità più scomoda è che l'Europa, se vuole insistere a spedire armi contro i russi, deve prepararsi a un'economia di guerra. Come dire: signori, la festa è finita, ora si tira la cinghia. Ascolti il colonnello, che ha monitorato molti punti di crisi del mondo, guardi i suoi grafici ansiogeni, e capisci che le belle abitudini possono avere i giorni contati: ferie in Paesi esotici, aperitivi, vestiti firmati.

Nei filmati, si vede Reisner lanciare ogni tanto uno sguardo ironico ai presenti. È come se dicesse: dobbiamo essere coscienti di vivere in una serra riscaldata, e se ci toccherà uscirne, allora verremo a contatto con la brutalità del mondo, quel mondo da cui fuggono i migranti che respingete. E allora per noi, come per gli austriaci con l'Anschluss del 1938, il Mondo di oggi diverrà in un lampo il Mondo di ieri, vedi il romanzo di Stefan Zweig. E allora, quando sarà tardi, diremo: com'era bella l'Europa.

À la guerre

Il mondo è talmente fuori di testa che persino Marine Le Pen, con cui non condivido quasi niente, appare a volte una persona sensata. Rileggo alcune delle sue frasi sulla guerra fra Mosca e Kiev.

"Mi vogliono far dire a tutti i costi," l'ho sentita ribattere in tv a dei giornalisti aggressivi, "che se sono per la pace allora sono per la Russia. Non ha senso. È essere pro Putin cercare un negoziato? Bisogna conservare i contatti con tutti, essere capaci di dialogare, anche se c'è una guerra in corso. E invece Bruxelles ha impedito ogni azione diplomatica alle nazioni. Col risultato che ora a svolgerla sono Paesi extraeuropei come la Turchia."

La donna di punta del Rassemblement National di Francia riesce a dire cose condivisibili da molti; ricorda che la guerra in Ucraina è costata finora seicentomila tra morti e feriti, e che senza la Nato Kiev non vincerà mai. "Trovo allucinante," argomenta con una gestualità napoleonica, "che si tenga un Paese in stato di guerra permanente, con la prospettiva che il conflitto duri anche cinque-dieci anni. Cosa vogliamo? Una nuova Guerra dei Cent'anni? O mettere l'Ucraina in posizione di forza per negoziare la fine del conflitto? Io questo farei, eppure sembra che questa seconda soluzione non la voglia nessuno. Il rischio è che quel Paese perda anche in presenza degli aiuti Nato."

Si difende bene Madame Le Pen, è autorevole. Pare già presidente della Repubblica. "Se la Nato, vale a dire la Nato con i soldati dei Paesi europei, vuole entrare in guerra sul campo, io se sarò eletta impedirò che avvenga. Questo non toglie che dobbiamo aumentare le nostre difese, specie nel caso che la Nato dovesse arretrare o dissolversi. Non solo Trump," ricorda, "ma già Obama ci aveva messo di fronte alle nostre responsabilità militari. Rinunciare a difenderci significa rinunciare alla nostra sovranità. Non possiamo incoraggiare gli americani a essere i guardiani del mondo e a esercitare a loro vantaggio l'extraterritorialità del diritto americano."

Interpreta magnificamente la parte della moderata. Ma lascia sempre il dubbio, ascoltandola. Ci si chiede se, una volta al governo, il Rassemblement National sarà portato a posizioni meno estreme dalla realtà della gestione del potere o sarà risucchiato dai vecchi fantasmi coloniali.

L'idea di Marine è acrobatica: tirare la Russia dentro la Nato, il che significherebbe sicurezza e convenienza in un colpo solo. Bello, anche troppo. Al punto che mi sfiora un pensiero corsaro. Che tocchi agli sciovinisti far finire la guerra?

Poi, penso che saranno proprio i seguaci di Monsieur Chauvin a metterci in pericolo, bloccando la nascita di una patria comune, e quindi di un esercito europeo, quello su cui sembra puntare Macron. Un esercito comune, senza il quale saremo alla mercé di chiunque.

La Striscia

Su Gaza non riesco a essere razionale. Sveglia forze che, a mia insaputa, tendono tranelli, covano rancori, germinano sensi di colpa, si incazzano, accendono passioni e talvolta anche amano, ma poi, per assenza di sfogo, implodono fino a far male.

Non ho certezze, e invidio chi le ha: dovrei essere sul posto per capire quel fazzoletto di terra così carico di Storia. Un luogo dove, qualsiasi cosa dici, par sempre di camminare su cocci di bottiglia.

Scrivo una lettera a Mordechai, un rabbino nato a Trieste che vive da cinquant'anni a Gerusalemme e ha sparso per il mondo otto figli e uno stuolo impressionante di nipoti. Butto giù un elenco di dubbi e domande che non so se avranno mai risposta, ma sono comunque un atto terapeutico, necessario a liberarmi di un peso.

Uno. Come è possibile che lo scontro duri da così tanto tempo? È irreale che, per "bonificare" una striscia lunga quaranta chilometri e larga dieci, uno degli eserciti più professionali del mondo ci abbia messo tanto tempo.

Due. È incomprensibile una guerra di dimensioni così ridicole, quasi "condominiali", dove per Israele il nemico è chiuso in una specie di ghetto.

Tre. Lo scopo è davvero quello di bonificare Gaza dal terrorismo o c'è dell'altro? Nella Striscia il terrorismo è destinato a riprodursi in eterno.

Quattro. È folle che nessuno dei Paesi arabi si offra di ospitare questi disgraziati, così come è inconcepibile che degli uomini si ritrovino profughi in casa propria.

Cinque. Mi chiedo ogni giorno come fanno i governanti di un popolo perseguitato da millenni a diventare persecutori e ad assumere una politica colonialista.

Sei. Se c'è una cosa che ho imparato dagli ebrei, è che la Terra non ci appartiene. Mi è quindi inaccettabile che proprio quel popolo si dichiari "eletto" e pretenda l'esclusiva su una terra.

Sette. Forse sono un illuso, ma ritengo che rispondere al crimine con una rappresaglia senza limiti faccia il gioco del crimine, abbassi le istituzioni al suo livello.

Otto. Temo che questa tragedia provochi un effetto domino a tutto vantaggio dei mercanti d'armi e inneschi una spirale di odio senza fine tra due popoli che per secoli hanno convissuto, nello spazio dell'Impero ottomano.

Il mio schemino mostra un mondo spaccato in due, e la spaccatura più profonda è in Germania, schiacciata fra tre milioni di musulmani in casa e il senso di colpa per lo sterminio degli ebrei.

Gaza è il paradigma di un'Europa che ha perso ogni autorità morale e ha adottato per israeliani e palestinesi due narrative diverse: i primi sono "uccisi", i secondi, più banalmente, "morti". Vittime di prima e seconda categoria. Come se gli uni fossero persone e gli altri un "effetto collaterale".

Chissà se Mordechai mi risponderà, sempre più immerso com'è nelle sue preghiere, lontano dalle cose del mondo.

In realtà, le risposte uno deve darsele da sé. L'unico modo per non impazzire è ricordare sempre che Hamas e i palestinesi, così come Netanyahu e gli israeliani, non sono la stessa cosa. E che dietro c'è l'uomo.

Distinguere, sempre. Non cedere alle generalizzazioni. Il vero coraggio è fronteggiare noi stessi e i nostri schemi mentali.

La linea

Esco a camminare un po' sul sentiero che costeggia il bosco.

Pozzanghere, rane immobili ipnotizzate dalla lampada tascabile. La gatta mi segue, si arrampica come un fulmine sugli alberi per mostrare la sua bravura.

Il confine è a meno di un chilometro e questa vicinanza mi fa vivere ogni giorno il lusso di abitare non su un territorio, e nemmeno su una "striscia", come Gaza, ma addirittura su una linea. Qualcosa, cioè, che ridicolizza ogni rivendicazione di proprietà nazionale.

È stata la sua demarcazione, e la voglia di matta di superarla, a segnarmi dentro fin da ragazzo e a mettermi in corpo la voglia di viaggiare.

Un bastardo come me, con radici sparse fra Polonia, Dalmazia, Turchia e Argentina, di che terra può dirsi figlio se non di questo confine, a ridosso del quale è nato, una notte di dicembre?

È la Linea, non lo spazio, che mi fa sentire europeo. Nessuna identità nazionale riuscirà mai a definirmi, qui, tra Mediterraneo, mondo slavo e tedesco.

È impossibile colorare una linea. È questo che amo dei confini, e del mio in particolare. Camminandoci a filo e attraverso i boschi, ho imparato a viverlo non come separazione o barriera ma come luogo d'incontro e conoscenza.

Per me questo limes è una corda per funamboli, da percorrere in equilibrio, per sbeffeggiare le nazioni che hanno litigato per dividersi una pietraia.

È stupendo percorrere una terra di nessuno, e diventare a tua volta Nessuno, come Odisseo che ha appena accecato il Ciclope.

Sono vecchio e posso dire ciò che voglio, e allora, sul filo di questa linea, mi prendo il lusso di affermare cose scomode. Per esempio, che l'Italia ha sacrificato seicentomila uomini per prendersi Trieste, col risultato che oggi, nella sua piccola regione, la mia città conta meno di quanto contasse nel più grande impero del Centro Europa.

E poi, non è straordinario che questa linea inquieta, calpestata da così tanti eserciti, finisca per darmi sicurezza? Essa mi allena a stare in allerta, a pensare che la guerra è un virus che non muore mai e può infettarci ovunque. Come chi abita sulla faglia di Sant'Andrea, ho imparato a costruire antisismico... nella mente.

Nel settembre del 2022 – con la tragedia in Ucraina già in atto – parte di questo confine è stata devastata da incendi boschivi tali che le granate inesplose del primo conflitto mondiale hanno cominciato a saltare in aria a un secolo di distanza, e quel rimbombo ripetuto e lontano, specie di notte, ha ricordato a noi frontalieri che il peggio è sempre in agguato.

È una consapevolezza che mi accompagna costantemente e mi fa tenere gli occhi aperti.

Qui, a ridosso dei Balcani, ho scoperto che i nazionalismi sono bestie malate di antagonismo, che non faranno mai fronte comune e finiscono per mangiarsi a vicenda.

Qui verifico ogni giorno che l'identità "muscolare" è un germe che genera fatalmente metastasi e riproduce, sotto forma di identità locali, le stesse identiche storture del centralismo. Vedi la mia regione di poco più di un milione di abitanti, che ha più dipendenti dell'intero apparato federale svizzero.

Su questo mio confine ho appreso che spesso le guerre identitarie, anche in caso di vittoria, si concludono con l'autodistruzione dell'identità stessa, e il trionfo dei McDonald's. Capitale apolide, arabo, russo, cinese, americano o turco che sia.

Per questo temo che un'Europa disunita, e per di più senza figli, si ridurrà a casa di riposo, infernale gerontocomio, vascello fantasma alla deriva, di cui i poteri forti faranno un sol boccone.

In assenza di un federalismo attivo diventeremo, se ci va bene, un luna park per stranieri, dove i nostri figli faranno da maggiordomi ai ricchi e le nostre meravigliose diversità saranno fatte a pezzi.

È quasi l'una. Comincia il viaggio al termine della notte.

L'una

Il sogno

Presagio di un istante.

La certezza che, nel cuore della notte, verranno a portarti via.

Parlo di te, richiedente asilo. Uno incontrato chissà dove, qui nel bosco, o in città attorno alla stazione. O da nessuna parte.

Forse ho questa visione perché mio nonno Domenico è emigrato da solo, a otto anni, in Argentina.

Gli somigli. Stesso naso affilato, stessa magrezza. Hai lo zaino cubico da rider accanto al letto. Parli già un po' di italiano.

È una visione anomala la mia, un sogno al futuro. Un'imminenza condivisa. Qualcosa che deve ancora succedere.

Conosco quelli che verranno a prenderti armati e a volto scoperto. Busseranno con forza. Ordini secchi, ma a bassa voce, quasi cortesi. Nessuno dovrà vedere né sentire. Conosco il modo.

Raus. Depêche-toi. Sbrigarsi.

Un quarto d'ora per raccogliere le cose. Tempo più che sufficiente, tanto le tue cose sono poche.

Ti chiederai perché gli spacciatori rimangono e tu no. Tu, che ce la mettevi tutta.

La polizia non fa queste differenze. Esegue ordini. Ti caricherà su un furgone dai vetri oscurati.

Dentro, troverai altri come te. Muti.

Pioggia. Attraverserai per l'ultima volta la città dove speravi di restare.

Al buio, come gli ebrei, spinti sui treni nel binario nascosto della stazione di Milano.

Ti inietteranno un sedativo. Passerai imbambolato accanto a passeggeri assonnati in attesa di altri voli. Alcuni fingeranno di non averti visto.

Ti caricheranno su un charter e volerai sull'Europa dei ricchi punteggiata di luci.

Non ti diranno la destinazione. E il portellone si aprirà sull'alba, in una spianata sconosciuta illuminata da fotoelettriche.

Uscirai per ultimo. Sentirai odore di agrumi e benzina.

Uomini con altre divise ti aspetteranno fumando ai piedi della scaletta, con cani al guinzaglio

poi ti accompagneranno fuori dall'aeroporto e ti lasceranno solo.

"Vai," ti diranno. Soltanto un cenno vago alla direzione.

Lì sparirai nel nulla.

La realtà è peggio del sogno.

La realtà sono le carni di donne e bambini che nutrono i pesci in fondo al mare. Sono i piedi purulenti dei sopravvissuti agli orrori della rotta balcanica.

Sono le schiene dei migranti arrivati in Italia dopo le sevizie delle polizie di confine, lautamente pagate dall'Unione europea e troppo spesso fiancheggiate da bande paramilitari fasciste.

La realtà è quell'inimmaginabile geografia di cicatrici e bruciature, di cui le vittime non parlano per pudore.

Conosco i campi di prigionia (non mi vengono altre parole per definirli) nelle isole dell'Egeo, dove muore la speranza. Centinaia di migliaia di anime perse nelle tendopoli sotto le frustate del Meltemi o della Tramontana d'inverno. So di agenti di custodia greci che si sono suicidati, tanta era la loro vergogna di fronte a quell'inferno in terra popolato da uomini, donne, vecchi e bambini.

Ho attraversato dalle parti di Białystok le foreste polacche sul confine bielorusso, disseminate di fosse comuni di cui si è persa la memoria, là dove sono passati gli eserciti di due guerre mondiali.

È lì, sulle frontiere orientali dell'Ue, che il simbolo blu-stellato diventa oggetto di ludibrio. È lì, in quei boschi di pini altissimi e magri, che l'europeo si trasforma in belva.

Green Border è un film che mostra la verità dei bestiali maltrattamenti inflitti dalle due polizie di confine ai danni dei fuggiaschi. Donne che partoriscono nella neve, corpi ributtati oltre i reticolati, bambini inghiottiti dal fango delle paludi, cadaveri che diventano concime. Telefoni che si cercano nel buio, richiami senza risposta, abbaiare di cani lupo.

Per aver girato quel film, la regista Agnieszka Holland, anziana allieva del grande Andrzej Wajda, è stata minacciata di morte dai fanatici.

"Solo i maiali vanno al cinema," ha commentato il presidente Duda, frase che in polacco suona ancora peggio: "Tylko świnie siedzą w kinie". Un modo di dire che la Holland è una nazista, parola del capo dello Stato.

Durante la Seconda guerra mondiale, sotto l'occupazione tedesca, si diceva così dei collaborazionisti, i soli che potevano permettersi il cinema.

Voli charter

Pioggia leggera. Sequenza ininterrotta di tuoni cupi, come se sopra le nubi fosse in atto un trasloco di mobili ed enormi cassoni.

Odore di erba umida. Ormai le rane mi entrano in giardino. La primavera è alle porte.

Ripenso al sogno del richiedente asilo respinto e mi chiedo perché l'ho vissuto al futuro. Non ha senso allontanare nel tempo qualcosa che succede ora, anzi sta succedendo.

È adesso che si naufraga in Mediterraneo, adesso che

si seviziano i migranti ai confini d'Europa, adesso che avviene il volo verso il nulla dei nuovi desaparecidos.

Se in Polonia, Ungheria e Croazia si respinge con violenza, in Germania, Francia, Italia e Inghilterra le espulsioni hanno un ritmo crescente.

Cinquanta, sessanta al colpo. Voli charter da dodicimila euro, di solito a metà settimana. Tutto purché se ne vadano.

Non so nemmeno perché dico "verranno a prendere te".

Una notte, forse, faranno irruzione anche da me, perché ti ho dato un letto e ti ho sfamato, o perché ho aiutato chi ti aiuta o ti cura i piedi ulcerati dal cammino.

Ho il telefono controllato, lo so. Troppi contatti con i poveri, cosa disdicevole di questi tempi.

Aiutare i poveri è diventato un reato. Presto lo sarà anche essere poveri.

Wannsee

I confini sentono il mondo. E qui, su questo confine, sento che la mia Europa d'Occidente comincia a somigliare ai Balcani, si presenta in ordine sparso all'appuntamento con la Storia. Tornano le nazioni, lasciano crescere l'odio etnico, mentre a Bruxelles c'è chi tace e lascia fare.

In un resort termale della lontana Turingia, là dove Arminio massacrò le legioni, succede che industriali e politici di destra, tra un bagno turco e una cena, pianifichino in segreto la cacciata di tredici milioni di stranieri, e poi – una volta scoperti – la promettano in parlamento, senza fare una piega, come punto chiave del loro programma politico. È la loro Soluzione finale, la loro Conferenza di Wannsee.

Capita che a Parigi il presidente del Rassemblement National, Jordan Bardella, dichiari di lavorare contro "il colpo di stato federalista" in atto e per ripristinare "la voce della Francia in Europa" in nome di una "battaglia di civiltà". Avviene che a Roma camerati in nero su nero, schierati, salutino a braccio teso i loro "martiri" e tuonino "Presente!", e che la polizia non intervenga, mentre un passante mormora "ragazzate".

Persino la Grecia, culla del pensiero occidentale, vara leggi liberticide e vede crescere in parlamento partiti antieuropei di estrema destra. L'Ungheria inaugura la "democrazia illiberale", permette raduni nazisti a celebrazione della resistenza della Wehrmacht contro i russi nel 1944, e lascia che la gente chieda in piazza l'impiccagione di una giovane italiana, messa in galera semplicemente per aver affrontato gli uomini neri.

In Olanda, il Paese di più antica tradizione democratica del mondo, il leader del partito xenofobo Geert Wilders, trionfatore alle elezioni, si dichiara pronto a un referendum sull'uscita dei Paesi Bassi dall'Unione europea. Ma le nazioni stesse si frammentano: in Belgio, il partito dell'estrema destra fiamminga propone una consultazione a favore dell'indipendenza fiamminga e la spaccatura del Paese.

È un contagio di tendenze centrifughe. La Spagna

non è mai stata così lacerata, la lotta ora è tra i favorevoli e i contrari all'indipendenza della Catalogna. I Paesi Ue dell'ex Patto di Varsavia seguono la tendenza, con gli ultranazionalisti romeni saliti al venti per cento dei voti e i socialisti bulgari intenzionati a costruire una coalizione con i partiti nazionalisti e filorussi.

E mentre Putin, il postcomunista, foraggia e benedice dal Cremlino i sovranisti d'Europa, nell'aria si sente il ritorno di Trump, il grande imprevedibile, l'uomo capace di chiudere in un giorno il confine col Messico, di firmare l'amnistia per i cowboy che in suo nome hanno fatto a pezzi il parlamento, e magari di telefonare immediatamente a Putin per chiudere la "faccenda" in Ucraina.

Telepatia

Scendo in cucina, accendo il bollitore, poi metto legna sul fuoco.

In momenti così, ho bisogno di Hans.

È probabile che anche lui non dorma. C'è telepatia fra noi.

Lui sa come togliermi l'ansia. Sa ridarmi speranza.

Giorni fa mi ha spedito immagini stupende. Enormi folle antifasciste in marcia per la democrazia.

Le riguardo. Allargano il cuore. Trecentomila persone a Monaco, duecentocinquantamila a Berlino, duecentomila ad Amburgo.

La posta in gioco è epocale.

Fiaccolate, concerti, slogan. "Nie wieder ist jetzt", il mai più è ora, per dire che il "mai più" dell'Olocausto va rilanciato oggi, con urgenza. Perché il pericolo è oggi.

Hans è il mio fratello tedesco di elezione.

Capita che mi chiami, prima delle otto del mattino, andando a piedi al lavoro. Fa quella strada ogni giorno, con la pioggia, la neve o il sole. È il suo modo di svuotare la mente.

Conosce tutti i miei segreti, come io i suoi. Mi aggiorna su tante cose e, mentre parla, sento in sottofondo il suo passo sulla ghiaia.

Guardo e riguardo quelle immagini straordinarie. C'è anche una mappa completa delle manifestazioni, con una densità incredibile di cerchietti. Per la prima volta, proteste anche nei piccoli centri. Landau, Hildesheim, Bad Segeberg.

Succede qualcosa di grande. Gente mai vista prima esce dal letargo per fare politica.

Si sveglia anche la brumosa campagna tedesca.

Gli increduli

Ticchettio sulle tegole. Gocce che aumentano di frequenza, intessono un ritmo dispari nel camino della stufa.

Com'è felice Hans nel raccontarmi la sollevazione del suo popolo! Anch'io lo sono. Ma tra la sua e la mia felicità c'è da subito una differenza. Anzi, due.

La prima, umiliante per me, è che in Europa, Germania a parte, quasi nessuno più marcia "per" la democrazia.

La seconda è che Hans non ha conosciuto la guerra dei Balcani, e io sì.

La dissoluzione jugoslava è un paradigma dal quale mi è impossibile prescindere. Chi c'è stato sa che i Balcani sono la nostra pancia, il principio e la fine di tutto quello che accade in Europa. E io c'ero, il 5 aprile del 1992 a Sarajevo.

Si sparava già qua e là, in Bosnia, quando, quel 5 aprile, un fiume incontenibile di folla riempì le vie del centro per chiedere la pace.

Centomila persone. Un flusso che parve capace di travolgere ogni cosa.

In quel momento esultai e dissi a me stesso che non poteva esserci guerra se l'opposizione della società civile era così massiccia e consapevole.

E invece bastarono dei cecchini sul tetto dell'Holiday Inn per fare sei morti, seminare il panico, disperdere la folla e dare inizio all'assedio più lungo dell'era contemporanea.

Ho addosso, per scaldarmi, dei calzettoni bosniaci di lana grezza. Sono un regalo di Rezak Hukanović, un bosgnacco uscito miracolosamente vivo dal campo di tortura serbo di Omarska e autore di un diario agghiacciante che racconta quell'esperienza. Mi chiedo spesso come in quell'uomo, che porta ancora sul corpo i segni del suo calvario, non vi sia traccia di rancore.

La Bosnia mi ha aiutato a capire cose essenziali del mondo. Per esempio, come la macchina irrazionale dell'odio venga costruita razionalmente da manipolatori al servizio di poteri innominabili, e come l'uomo manipolato possa ritornare alle caverne. Lì mi sono reso conto che le guerre possono scoppiare anche dove sembra impossibile, e che lo scontro tra nazioni porta sempre a una disfatta delle medesime e al trionfo del capitale straniero.

Anche per questo so che stanotte non riuscirò a dormire.

Nell'aprile del '92, a Sarajevo, un cordone di trincee era già stato scavato dal nemico attorno alla città. Carri armati arrivavano da ovunque. Ma la città non vedeva. Era incredula, si ostinava a pensare che non sarebbe accaduto. Credeva alla neutralità dell'esercito federale.

"Imbecillità del bene" avevo chiamato quel fatale candore di fronte al pericolo. Lo stesso che ci contraddistingue oggi.

Solo otto anni prima, Sarajevo aveva ospitato una delle più belle Olimpiadi invernali della Storia. Migliaia di giovani si erano offerti volontari per farle riuscire nel segno della fratellanza tra le genti. Frastornato da tanto calore e dalla magia di una città dove convivevano chiese, moschee e sinagoghe, il presidente del Comitato olimpico internazionale disse: "Questa è la prima Olimpiade organizzata da un popolo intero".

Tre anni dopo, anche alle Universiadi di Zagabria vidi un trionfo di gioventù, vita e allegria. Indelebile l'immagine finale: una corsa di mille ragazze in larghi vestiti colorati gonfiati dal vento.

Non sapevo che, in quelle stesse ore, uomini usciti dal buio pianificavano lo smembramento della Jugoslavia.

Questo a te, questo a me. Quello, facciamo a metà.

Le bande rivali già si armavano, d'accordo fra loro, all'insaputa della gente.

Sangue doveva esserci, lo sapevano tutte le parti in causa. E sangue sarebbe stato, per nobilitare una divisione che, in realtà, aveva come unico scopo la rapina.

Da allora so che il male trova il suo miglior nascondiglio proprio tra gli uomini di buona volontà.

Le ombre

Fuori il bosco si agita e la casa sembra assediata da ombre. La notte non finisce mai.

Mi butto sul divano e cerco di assopirmi, ma proprio in quel momento in bilico fra la veglia e il sonno tornano le visioni.

Mi invadono senza sequenza logica, ma con la regolarità di un geyser.

Un manifestarsi eruttivo, una palpitazione rossastra, lenta, regolare, assai più fisiologica che geologica, come di vulcano in mezzo al mare.

Conosco quel continuo accendere e spegnere la luce del comodino, tra la stesura frettolosa di un appunto e il tentativo inutile di dormire.

Sono anni che accumulo note sull'Europa, e so che ci sono cose che si percepiscono e si scrivono solo col buio.

Di notte i clandestini attraversano la foresta sopra casa mia. Talvolta le loro facce mi compaiono alla finestra come l'icona di una sindone.

Di notte si sente il cigolio dei portoni dell'Unione che si chiudono.

Di notte passano convogli militari di mezzi pesanti verso il fronte del Dnepr.

Di notte i collezionisti d'armi si trovano in segreto in un ristorante alla periferia di Vienna e si scambiano strumenti e simboli di morte nascosti nei bagagliai delle automobili.

Di notte ritornano le rune del malaugurio.

Di notte topi grossi e feroci entrano nei magazzini fatiscenti della stazione asburgica della mia città, Trieste, e mordono piedi, orecchie e mani dei migranti attendati lì dentro.

Di notte arriva la polizia, costretta a fare plateali e inutili irruzioni nelle loro tane. Blitz, li chiamano i giornali.

Di notte ignoti danno fuoco a un ricovero per richiedenti asilo in un paesino che non fa notizia.

Di notte le anime belle dormono nel tepore delle loro case, lontane da tutto questo, come racconta Primo Levi, reduce di Auschwitz.

Di notte milioni di umani insonni sono inghiottiti dalla rete.

Di notte si avverte un suono regolare di risacca. È il mare morto dell'indifferenza.

"Paolo, in questi momenti le percezioni sono più importanti dei fatti che fanno notizia."

Mirjana, amica da quarant'anni, dirige a Vienna conferenze internazionali sui temi politici più scottanti e racconta che nel vasto mondo di lingua germanica, dall'Austria fino alla Norvegia, e nei suoi satelliti baltici, la gente non ne può più di donne velate.

Spiega che i partiti tradizionali non danno ascolto a quel malessere per timore di essere tacciati di razzismo e lasciano così alle destre il monopolio del problema.

Racconta che il suo Hannovermarkt, dove va a fare la spesa, a due passi dal centro, non è più Vienna, non è nemmeno più Austria, ma Kabul, Afghanistan.

Le strade di casa sua sono battute da bande di ceceni talvolta violenti o da arabi sfaccendati che fanno un sacco di figli e godono per questo di sussidi statali. Uomini che non lavorano, si chiudono in ghetti, confinano le mogli in casa e, grazie al web, restano nella loro bolla etnica senza imparare il tedesco. Che già di per sé non è una parlata che assimila e integra facilmente il nuovo venuto.

Persino i vecchi immigrati – quelli che il tedesco l'hanno imparato e che si sono inseriti – sono stanchi e descrivono questa gente come parassiti che prendono tutto dal welfare senza dare niente.

I tedeschi sono inquieti perché i maschi turchi si chiudono nei loro bar con narghilè, a ruminare chissà cosa, creando spazi extraterritoriali dove la femmina occidentale è meglio non metta il naso.

Ci dev'essere qualcosa che non funziona se Erdogan prende più voti a Monaco o a Berlino che a Istanbul, e se a Francoforte non solo le periferie ma anche le vecchie strade presso la stazione, Münchenerstraße e Kaiserstraße, non sono più Germania.

In Svezia, la cultura del welfare e dell'accoglienza troppo generosamente gestita spinge molti immigrati a non lavorare e diventa un boomerang. La violenza, specie tra i minori, ha raggiunto livelli mai visti e troppi nuovi arrivati vivono di sovvenzioni senza lavorare.

La mite Finlandia sarà pure un Paese timido e taciturno, ma la notte quali parole di odio dilagano nei blog, nell'intimità delle case! Solo la destra xenofoba sembra aver capito che le elezioni si vincono sul mondo parallelo di TikTok. Il governo romeno, che ha lo stesso problema, discute se regolamentare la piattaforma, giudicandola un pericoloso "veicolo di messaggi antisistema".

In Italia, tra le cooperative che si occupano dei nuovi arrivati e gestiscono contributi statali, ve ne sono alcune che arricchiscono scandalosamente gestori ben ammanigliati, i quali, pur di fare numero, prendono chiunque, chiudono un occhio su tutto, non distinguono tra immigrati "economici" e profughi di guerra, che sono quelli realmente aventi diritto, per la gioia delle mafie in cerca di spacciatori o di manodopera a basso costo.

Come non tener conto di tutto questo?

Come non dargli risposta?

Perché lasciare in monopolio alle destre l'argomento immigrazione?

Perché consentire che queste percezioni, inascoltate, degenerino in razzismo? Che cosa impedisce una regolamentazione migliore del sistema di accoglienza?

Le anime belle devono finirla di discettare davanti a un café crème e stare nel mondo, capire come questa realtà sbilenca venga percepita dal cittadino comune che paga le tasse, e come tutto questo confluisca in un pentolone che ribolle, fermenta, sfiata e deborda, specialmente di notte. Si tratta, come sempre, di prendere lezioni di ascolto.

Marco Schild, tedesco figlio di genitori italiani, uscito dopo sette anni di appartenenza da un'AfD (Alternative für Deutschland) diventata troppo dura, ammonisce le sinistre.

"Non prendete le distanze dalle persone," dice. "Trascorrete del tempo prezioso con loro, vivete le cose che vi legano. Il rapporto personale, il livello emotivo, è il modo migliore [per raggiungere l'obiettivo]. È molto più forte di qualsiasi discussione, perché le persone a un certo punto sono immuni alle argomentazioni razionali, ma non ai sentimenti."

Quelli di sopra

Notte inquieta. La pioggia diminuisce, sembra imitare il mormorio di fondo dei popoli inquieti.

Un borbottio che diventa udibile nelle sale d'aspetto, nelle code in banca o davanti al bancone del macellaio.

È in quei luoghi che, in Austria e Germania, si sente crescere la rabbia non solo contro lo straniero, ma anche contro i presunti privilegi delle élite, "die da oben", quelli di sopra, così li chiamano i tedeschi.

Oggi, persino in Germania basta che uno si presenti come politico e viene insultato. Gli danno dell'incompetente anche se ha perfettamente ragione e se i fatti che cita sono incontrovertibili.

I fatti oggi non contano più niente.

Magari quelli che urlano contro le élite sono a loro volta dei privilegiati, ma che importa. Quello che conta è la percezione.

Una parte della Germania non ne può più di sopportare il peso dei debiti altrui, il peso della sua memoria imbarazzante, il peso del grosso delle immigrazioni.

I tedeschi sono stanchi di fare sempre nei film la parte degli spietati.

Ed ecco il mugugno delle periferie, delle campagne, dei treni.

Nei Balcani, alla fine degli anni ottanta, il disastro imminente non lo percepivo nei palazzi del potere ma nelle osterie, nelle campagne più remote.

Anche Hans lo sa.

Sente anche lui il mormorio della classe media, i mali di pancia della Germania grassa; l'inquietudine di quelli che hanno paura di perdere il poco o il tanto che hanno.

I tedeschi, mi disse un collaboratore di Jacques Delors, uno dei padri della patria stellata, sono democratici finché sono sazi. Ma se arriva la crisi economica, cambiano bandiera.

Se la locomotiva germanica rallenta, c'è da aver paura.

Le cifre dicono che la locomotiva sta rallentando. Le bielle e gli stantuffi ansimano di fatica.

Gli opportunisti

Anche Luiza è sveglia, a otto fusi orari da me. Ha parenti americani e da qualche giorno è in vacanza in Colorado, in una baita a quota 3500, in mezzo a metri di neve.

È polacca, insegna geografia politica, vive tra Europa e Stati Uniti ed è angosciata per il mio stesso motivo. Sente che il mondo rotola su un fatale piano inclinato.

La chiamo, per lei non è nemmeno ora di cena. Le dico che in tutta Europa le istituzioni sembrano già adeguarsi al vento nuovo nel linguaggio, nelle candidature e nelle scelte amministrative. La Commissione si rimangia le decisioni più coraggiose, per compiacere le destre sovraniste e, quel che è peggio, senza aspettare i risultati elettorali. È la prima volta che si assiste a una simile, spettacolare ritirata su temi come il Green Deal.

Lei conferma. Già in tanti si stanno adeguando, per opportunismo o convinzione. In fondo, niente di più facile che alzare la vela quando il vento è a favore. "Sono preoccupata," dice, "e stando qui in America la distanza dalla mia Europa rende la situazione ancora più ansiogena."

Confrontiamo i dati. Tira un'aria cupa. Fabrice Leggeri, il francese che ha guidato il Frontex, l'agenzia che gestisce le frontiere esterne dell'Unione, ha annunciato di aver aderito al Rassemblement National di Marine Le Pen. Un nome tremendamente scomodo per l'establishment.

In Germania, l'ex capo dei servizi segreti Hans-Georg Maaßen, licenziato dal governo per non aver indagato a sufficienza sulla minaccia dell'estrema destra, ha fondato un nuovo partito, sempre di estrema destra, e ora si trova a essere indagato dagli stessi servizi che ha diretto.

Aria di ribaltone in Germania anche nelle amministrazioni comunali, dove si avverte la pressione dell'AfD sulle decisioni che riguardano le categorie deboli: donne e immigrati. Il personale già si prepara all'idea di sindaci con maggiori, se non assoluti, poteri discrezionali. Dei piccoli Gauleiter, capetti di regime. Se la destra arriverà al potere, non avrà bisogno di entrare nella macchina statale, perché vi sarà già stabilmente insediata.

In alcune università dei Paesi Bassi sono già partite circolari che obbligano a tenere le lezioni solo in olandese, il che provocherà la fuga di buona parte degli insegnanti stranieri. Fino a ieri, molte lezioni si erano tenute in inglese. Nel Land della Bassa Austria sono state approvate leggi che sanciscono il divieto di parlare a scuola lingue diverse dal tedesco e di usare il genere femminile nella corrispondenza ufficiale.

La pressione su chi resiste alla corrente è rovinosa.

Luiza è una combattente, non ha paura di nulla. Ma ammette: "Con i miei colleghi in Olanda stiamo già pensando a come proteggerci. Troppe minacce".

I buoni

"Come siamo arrivati a questo?"

Siamo lì a porci la stessa domanda, da un lato all'altro dell'Atlantico, come per riconoscere che Europa e America sono davanti al medesimo, drammatico vuoto della politica.

Il vuoto è quello di una sinistra in stato di ipnosi, prigioniera della sua stessa coscienza critica. Una sinistra abilissima a decostruire, a partorire raffinate analisi. Ma se si tratta di proporre alternative: zero.

La pioggia si dirada, il buio sembra popolarsi di ombre, come a evocare una notte più vasta ancora, quella del mondo occidentale.

Perché questa paralisi delle sinistre? Quanto poco ci vorrebbe a dire: signori, l'immigrazione ci inquieta, però ci serve, dobbiamo solo regolarla meglio.

Anni fa il sindaco di Vienna, Michael Häupl, socialdemocratico, mi disse che la soluzione stava nel coniugare assieme "Humanität und Ordnung", umanità e ordine, perché l'uno senza l'altra avrebbero portato al disastro.

Quella sintesi dei due momenti non è mai avvenuta.

E che dire dei centri di formazione nei Paesi d'origine, che ci costerebbero molto meno di una sorveglianza poliziesca e di una miriade di campi profughi?

Anche qui non si fa nulla. Troppa paura di perdere voti.

Luiza illumina un altro punto debole della sinistra. La sua pretesa di superiorità morale che si trasforma in "soffocante moralismo". Fino a quando, dice, la socialdemocrazia atlantista potrà convincere gli europei a sborsare soldi per l'Ucraina dicendo che è cosa giusta o che Zelens'kyj è buono e Putin è cattivo?

Fino a quando i governi potranno chiedere ai cittadini sostegno a Gerusalemme nella guerra di Gaza anche quando Israele passa il limite?

Stessa cosa per il Green Deal. Non basta dire che non dobbiamo inquinare perché bisogna essere buoni.

Così non convinci la signora Gertrud o la signora Dolores. Devi spiegare che anche Gertrud e Dolores, nel loro piccolo, possono contribuire a proteggere la natura per il bene dei loro figli e nipoti.

Questo sforzo pedagogico non viene fatto, e certo massimalismo dei Verdi fa sì che la green economy sia percepita dal popolo come un lusso per radical chic.

La differenza tra morale e moralismo è che il secondo è una copia immorale del primo e serve a mascherare intenzioni politiche o pretese economiche. La geopolitica di oggi fa schifo proprio per questo: perché addita ipocritamente dei "cattivi" per giustificare mire egemoniche.

Ciao, Luiza. Non abbiamo fatto che alimentare a vicenda le nostre inquietudini.

Ed è come se sentissi la voce dell'amica perdersi nella tormenta del Colorado.

La macchina del fango

C'è una storia che aiuta a entrare nella notte dell'Europa. La storia di Alexandra, che si è buttata nel fiume.

Alexandra Föderl-Schmid, una delle massime giornaliste austriache, vicecaporedattore della "Süddeutsche Zeitung", che ha fatto un salto nell'Inn in pieno inverno, dopo una violenta campagna diffamatoria a suo danno da parte della destra.

L'hanno ritrovata il giorno seguente, ancora viva, in stato di ipotermia.

Il corpo si era incagliato sulle rive di Braunau am Inn, al confine con la Germania.

Braunau, la città natale di Hitler. Quasi il finale di una tragedia di Shakespeare.

Un atto disperato, ma anche un segnale d'allarme, come l'epidemia di suicidi fra gli ebrei tedeschi negli anni trenta.

Pare che Alexandra abbia lasciato dentro la sua automobile una lettera con su scritto: *La caccia è finita*.

Pochi giorni prima si era dimessa (o forse era stata spinta a dimettersi) dal giornale, per consentire ai colleghi di verificare le accuse su di lei.

Ho lavorato quarant'anni nella stampa e so che da tempo, anche in Italia, i giornalisti sono detestati, talvolta picchiati da fanatici di destra o di sinistra, perché "portatori di bugie".

Eppure non avevo mai assistito a una simile demolizione sistematica.

Nel caso di Alexandra, la macchina del fango si mette in moto dal portale “Nius”, populista di destra, generosamente finanziato dal miliardario Frank Gotthardt, iscritto non alla AfD ma alla CDU, come dire ai democristiani tedeschi.

Succede che “Nius” individua nella giornalista di grido un bersaglio politicamente ideale e affida a un “cacciatore di plagi”, tale Stefan Weber, il compito di spulciare i suoi articoli.

Weber scopre piccole carenze e “Nius” le diffonde, sollevando un pandemonio.

Il colpo è vigliaccamente facile. Una donna in carriera. Obiettivo perfetto per i “talebani” maschilisti di destra.

Ma Alexandra dev’essersi sentita abbandonata anche da molti colleghi. I più malevoli o i più invidiosi.

La pressione su di lei deve essere stata disumana.

Il ragno

La Storia svela un meccanismo micidiale: la diffusione scientifica di un pensiero di destra attraverso la rete.

Il modello è americano: lo stesso che amplifica le urla vittimistiche di Trump. Lo stile, quello di Fox News.

Si cerca un bersaglio importante, si assolda qualcuno che ha il dente avvelenato col bersaglio, poi si indaga sulla biografia del secondo, isolandone le carenze.

Niente di più facile. Tutti commettono sbagli. Specie quelli che lavorano molto. Potrei fare spontaneamente l’elenco dei miei; non c’è bisogno che si assoldi nessuno.

La parola chiave è “isolare”, togliere il dettaglio dal contesto.

Cercare, in un mare di notizie anche minime, quelle capaci di indignare quanta più gente possibile, poi intervistare sul tema un buon numero di persone, solo per selezionare le risposte più becere.

A quel punto il gioco è fatto.

Il pensiero di pochi viene spacciato come pensiero di maggioranza. È così che si costruisce la pubblica opinione.

Milioni di “navigatori” galoppano nelle praterie della rete nella certezza di essere liberi, ed è proprio lì che il Ragno li cattura e li fa schiavi volonterosi di un sistema che cavalca e amplifica i mugugni, anziché costruire convivenza.

È la stessa macchina infernale che sta portando l’America sull’orlo della guerra civile. Un uragano mediatico eversivo che, in assenza di controcomunicazione, rischia di spazzare via anche ciò che resta della democrazia europea.

Il sospetto

Chi finanzia i sovranisti europei? Azzardo uno schemino elementare su un foglio di carta a quadretti.

Primo. Nei loro proclami, le destre attaccano sempre in parallelo i rappresentanti della società aperta e i sostenitori delle energie rinnovabili.

Secondo. La strategia di attacco alla green economy

è identica a quella usata contro Alexandra. Non essendo più credibile il negazionismo sul disastro climatico in atto, si può solo contestare l'efficacia della lotta contro l'inquinamento. E allora si sceglie un obiettivo, se possibile il più qualificato, lo si studia, si individua un punto critico anche minore, lo si isola con la lente di ingrandimento, poi si dà il via alla demolizione.

Terzo. È ampiamente provato anche a livello scientifico – vedi le autorevoli riviste "Lancet" e "Nature" – che i petrolieri reclutano volonterosi sostenitori delle energie non rinnovabili, affinché taccino la green economy di incompetenza ed elitarismo. Come dire, una truffa ai danni della gente comune.

Nel cono di luce della lampadina da tavolo, i tre quesiti disegnano uno schema dove l'Europa si riduce a un'anomalia da cancellare. La geografia del Big Game.

Segno con un cerchio un quarto e ultimo punto. Ci scrivo dentro: "È quantomeno verosimile che i petrolieri finanzino anche i partiti di destra, reclutandoli nella loro crociata".

Come dire gli stessi ricchissimi petrolieri che sponsorizzano le squadre di calcio, ospitano negli Emirati il vertice mondiale sul clima e premono con argomenti irrefutabili sul palazzo di Bruxelles.

Poco possono fare le proteste dei giovani di Fridays for Future o di Extinction Rebellion contro questi poteri dalle disponibilità economiche illimitate, capaci di corrompere chiunque.

In uno dei suoi dispacci dal fronte, Hans mi ha spinto a esplorare un sito tedesco chiamato Hoss und Hopf. Al suo interno, un podcast che diffonde radicali messaggi di destra.

Nelle classifiche su piattaforme come Spotify e Apple Podcasts, pare che occupi regolarmente i primi posti. Centinaia di migliaia di persone lo ascoltano. Soprattutto ragazzi.

E così, sempre in rete, emerge anche l'inquietudine dei genitori tedeschi che da un giorno all'altro scoprono di avere un figlio radicalizzato.

In un messaggio in rete dell'11 febbraio, una madre di nome Katharina parla di suo figlio quattordicenne.

La cosa, racconta, inizia in modo innocuo, quando, passando accanto alla cucina, suo figlio sbotta che "i nostri politici dovrebbero prendersi più cura dei tedeschi", e poi aggiunge che vorrebbe diventare ricco e famoso con la criptovaluta.

All'inizio la madre pensa che la mania di grandezza sia normale a quell'età. Ma poco tempo dopo, mentre guida l'automobile, si sente dire che non è possibile che le tasse dei cittadini tedeschi servano a pagare le navi che raccolgono i rifugiati sulla costa africana per portarli in Italia.

"Mi giro verso il sedile posteriore," continua Katharina, "e chiedo a mio figlio dove ha preso quella frase. Lui risponde: dal podcast che tutti ascoltano." I ragazzi, dice, sono dei guru, sono "molto informati", e il podcast si chiama, per l'appunto, Hoss und Hopf.

Mamma e papà accendono e ascoltano.

"Stoccarda era la città più sicura della Germania [...]. Ora queste statistiche non vengono più raccolte perché la situazione è diventata così grave che la gente non ne parla più; non si dice che le donne vengono a volte violentate sulla Königstraße di giorno e a volte di notte."

La verità è che tuttora Stoccarda è una delle città più sicure della Germania e che l'Ufficio federale di polizia criminale pubblica regolarmente le statistiche sulla criminalità della polizia. Nella Königstraße c'è stata una denuncia di un presunto stupro, ma poi la donna ha ammesso di aver inventato tutto.

Così, i genitori tedeschi scoprono che un piccolo esercito di ragazzi TikTokers distribuisce gratuitamente i contenuti di Hoss und Hopf e che il divulgatore di maggior successo conta più di centosessantamila follower.

È un formidabile raggiro organizzato che illude i ragazzini con false promesse di ricchezza. Leggo di una madre che ha scoperto che suo figlio diffonde le inserzioni pubblicitarie di Hoss und Hopf nella speranza di fare un sacco di soldi.

Nel frattempo il fragile adolescente diventa diffusore di parole forti e spesso razziste, che ricevono un sacco di like e di conseguenza lo convincono della verità di ciò che ha diffuso. È grazie a quei like che una totale assurdità viene percepita come giusta e buona nella mente di un quattordicenne, la cui coscienza civica è ancora tutta da plasmare.

Succede anche in America. I genitori di New York hanno denunciato Mark Zuckerberg perché Meta corrompe i loro figli.

I social si sono insinuati ovunque, sembrano i topi di Hamelin. Manca ancora il pifferaio capace di portarli via.

I persuasori

Ormai il genio è uscito dalla bottiglia e circola in libertà. In anni di lavoro sommerso ha imbrigliato un'intera generazione, all'insaputa delle famiglie.

Ed ecco riemergere dalla memoria episodi sottovalutati, che improvvisamente acquistano senso.

Storie come quella di Alessandro, il regista emiliano con cui ho girato mezza Europa, invitato qualche anno fa a parlare della sua esperienza in uno dei più rinomati licei di Roma.

Prima di affrontare la scolaresca in aula magna, un insegnante si premurò di prendere da parte Alex e consigliargli di non esporsi troppo sull'Europa, perché a scuola "non tira una buona aria sul tema".

A rileggere oggi quell'avvertimento, appare chiaro che il virus del nazionalismo razzista e antifederalista inquinava già allora la società civile italiana a partire dalle fasce più deboli ed entrava nelle case attraverso i nativi digitali. Ed era solo l'inizio di un piano di contaminazione delle coscienze.

Quando il regista cominciò a parlare dei vantaggi della libera circolazione delle persone, un ragazzo lo interruppe spazientito: "Ma insomma, che saranno mai questi confini? Basta mostrare un documento e si passa". Quindi aggiunse con tono di sfida: "E comunque, cosa c'entriamo noi con i francesi?".

Si spalancava davanti al regista stupefatto l'abisso culturale in cui erano caduti i giovani, ma appariva chiara anche la pavidità degli educatori, intimiditi dalla pressione politica degli allievi.

Nelle scuole i persuasori occulti avevano già girato a loro vantaggio i più democratici dei diffusori: internet e la radio.

Sensori

Ai confini non sfugge nulla. Sono sensori infallibili.

A cinquanta chilometri da me sferragliano convogli militari diretti a Est. Tutti lo sanno in paese. Ma stanotte sento qualcosa di diverso. E forse ancora più inquietante.

Un ticchettio di tastiere.

Percezione chiarissima. Mentre in Germania milioni di piedi marciano alla luce del giorno per la democrazia, di notte milioni di polpastrelli digitano parole di rancore nei sotterranei del web.

La rete. Una macchina che rimbecillisce, divide la

società, cavalca il peggio di noi e uccide il ragionamento col virus di un pensiero bipolare manicheo, partorito da algoritmi cinesi o americani.

Tutta l'Europa è spaccata in due; Spagna, Italia, Polonia, Grecia, Belgio, Paesi Baltici. Dell'America, non ne parliamo.

A drammatizzare lo scontro è un sistema mediatico alleato del peggio, che ci rimanda l'immagine di un mondo marcio, fatto di ladri, assassini e stupratori.

Ho sentito un alto esponente del centro democristiano bavarese lamentarsi: "Se cerco di argomentare, non esco sulla stampa. Se lascio partire un insulto, ho subito dei titoloni sui giornali".

Impera la narrazione al negativo. I delitti sono in diminuzione, eppure si fa in modo che sembrino in aumento. E se il delitto è commesso da uno straniero, ha rilievo maggiore.

Il bene non vende, non fa notizia. Ma esiste. È un arcipelago sterminato di individui che si sentono soli e non fanno massa critica. Non sarebbe il caso di parlare di loro? Per esempio dei polacchi che, rischiando una condanna, accolgono immigrati terrorizzati nelle case rurali ai confini con la Bielorussia, o i piccoli contadini del biologico che si battono contro la distruzione dell'ambiente? O di persone come Monika che, da sola, ha aiutato a salvare duecento afghani dopo la vergognosa fuga delle truppe Nato da Kabul? Forse nemmeno lei vuole che si sappia. Il bene esclude protagonismi.

E che dire di Parigi, dove si sono visti momenti di preghiera comune fra arabi ed ebrei nel momento più difficile, durante l'ecatombe di Gaza, senza che se ne parlasse sui giornali? Hans mi ha segnalato donne tedesche che insegnano ad altre donne, in gran parte rifugiate, le parole giuste da dire a difesa della loro dignità, e una comunità di siriani che lavorano per smantellare l'invadenza del patriarcato nel loro mondo.

Riccardo Laterza, giovane leader dell'unico efficace partito di opposizione nella mia Trieste, governata da un'ammucchiata di sovranisti, sostiene la necessità di avvertire i "segnali deboli" che anticipano i cambi di tendenza. Che poi è come fare una radiografia dei bisogni reali del territorio, trascurati da una destra più attenta alle richieste del capitale che a quelle dei cittadini. Un esercizio di ascolto, anziché di sterile amplificazione dei malcontenti.

Splendidi esempi di resistenza arrivano anche dalle terre della camorra, come Caserta, dove un gruppo di cittadini ha preso in uso un parco abbandonato e gli ha ridato il volto originario di aranceto, riconosciuto poi dall'amministrazione pubblica come bene comune da co-gestire con un patto di collaborazione. L'iniziativa ha restituito al pubblico un polmone di verde che ha cambiato la vita soprattutto ai bambini e ai più vecchi della zona, riattivando le relazioni di quartiere e mostrando cosa significa un bene comune.

Le due

Insonnia

Comincia la liturgia delle ore.

Sono ancora sveglio, a rimuginare in cucina, mentre mia moglie dorme di sopra.

Qualcuno deve pur farlo, il turno di notte.

Una notte che non offre punti luce.

È come se il bosco premesse alla finestra, per entrare.

Penso a quanto spesso ho lasciato bruciare la minestra perché avevo la testa in Europa. A quanto mi sono sfinito per parlare di lei nelle scuole, nei teatri, nelle sale da concerto, nelle periferie urbane e nelle campagne, quando nemmeno a Bruxelles la cosa interessava.

Spesso mi chiedo perché devo rovinarmi la salute per queste cose.

Che vadano avanti i giovani.

A volte mi sento un patetico istrione, condannato dal suo orgoglio a spendere gli ultimi spiccioli di energia in una battaglia insensata.

Ma in altri momenti mi sento pieno di forza. Una buona energia, che nasce non solo dalle risposte commosse della gente, ma anche dalla sana rabbia innescata da fatti come l'aggressione ad Alexandra.

Cerco in rete i filmati su di lei. Incontri pubblici e interviste dal suo ufficio di corrispondente in Israele. Alexandra è vestita sobriamente di nero, ha lo sguardo calmo, incorniciato da orecchini semplici e una collana.

Immagini di una donna impegnata, autorevole e priva di protagonismi.

Oggi, dopo il salto nel fiume, vedo il suo corpo pallido, disteso su un lettino nell'ospedale di quella città fatale per destini del mondo.

Sento il pulsare dei cardiogrammi, il gocciolio della flebo.

Anche la finestra di Alexandra si affaccia sulla notte di primavera, una notte dai mille occhi che spiano.

Immagino una folla di spettri che si lamentano nel vento e premono per irrompere nella sua stanza e succhiarle altro sangue.

Il combattente

Ascolto in cuffia Prokof'ev, concerto per violino numero 1, opera 19. Ho bisogno di aria, e nei momenti bui Prokof'ev aiuta a volare.

Penso ad Aleksej Naval'nyj assassinato in carcere.

Un tremendo segnale, non di strapotenza ma di paura, del Cremlino.

Putin doveva avere un terrore folle di quell'uomo, per far sì che morisse. È probabile che Vladimir, l'ex bambino povero condannato a comandare la Russia in eterno o a sparire per una congiura di palazzo, conosca bene la spietata tradizione del cristianesimo orientale passata al mondo slavo e al comunismo moscovita.

Un mondo, quello bizantino, dove gli imperatori non si depongono, ma si sbudellano o si defenestrano, e dove per secoli è stato normale castrare gli eredi al trono, accecare i regnanti in disgrazia o amputare loro naso e lingua.

Naval'nyj sapeva a memoria le paranoie del Cremlino e in un documentario del 2022 aveva pronunciato parole profetiche: "Non avete il permesso di arrendervi, e se dovessero decidere di uccidermi, vuol dire che siamo incredibilmente forti".

Una lezione di coraggio, a fronte dell'atteggiamento ondivago di un Occidente che fino a ieri ha condannato per conformismo tutto ciò che era russo e ora fa a gara per piangere il grande oppositore, lo erige a simbolo democratico, organizza fiaccolate per lui e sgomita per mostrarsi in prima fila ai cortei. Da un eccesso all'altro.

D'altra parte, Naval'nyj era uno che si poteva ammirare e contestare nello stesso tempo. Ammirare per la sua tempra di combattente, contestare per il suo passato discutibile. Aleksej era stato un etnonazionalista duro, con forti connotati razzisti antiimmigrati. Negli ultimi anni aveva ripulito la sua biografia e si era dichiarato pentito di certi atteggiamenti, ma il web è ancora pieno di sue esternazioni in tal senso.

Questo ci pone davanti a una delle grandi differenze fra le due Europe. In Occidente, essere razzisti è di destra. A Est, essere razzista è di destra e anche di sinistra. Una costante di tutto lo spettro politico del mondo che fu oltrecortina.

Ho viaggiato abbastanza per sapere che essere africano a Varsavia è peggio che esserlo a Madrid, oppure che avere i capelli crespi e neri a Mosca provoca ostilità o diffidenze non immaginabili a Lione o a Milano.

Dietro, ci sono secoli di Storia, e c'è quell'idea maledetta di "Narod", il popolo, che dalla Slovenia all'Oceano Pacifico significa sangue, antenati, diritto ancestrale sulla terra e conti da regolare che durano secoli.

I cattivi

Chissà se ora l'Europa si accorgerà che esiste anche un'altra Russia.

Fino a ieri, con la guerra in Ucraina, abbiamo reso impossibile la vita alla società civile russa espatriata, la Russia migliore, quella più vicina a noi, quella in fuga dalla censura moscovita. Dal marzo 2022, l'Italia ha sospeso la concessione dei visti a tecnici e borsisti russi. Con rare eccezioni, anche i più critici degli intellettuali sono banditi dal dibattito pubblico.

Non pare che gli attuali fan di Naval'nyj abbiano mai denunciato tutto questo.

Le minoranze russe in Estonia, Lettonia e Lituania subiscono pressioni inaudite e continue limitazioni alla libertà personale. Tuttora, nelle Repubbliche baltiche la polizia straccia senza averne diritto i visti d'ingresso in Europa concessi dalle università occidentali agli intellettuali dell'opposizione russa.

In mezzo milione sono fuggiti dalla Russia, ma noi abbiamo bloccato i loro conti bancari. I giornalisti fuggiti in Lettonia per poter informare liberamente fanno una vita d'inferno. La Danimarca ha interrotto gli aiuti alla dissidenza russa ed è arrivata al punto di riscrivere le biografie dei personaggi della cultura russa nati in Ucraina.

Oggi mi sento di fronte alla tragedia di un popolo intero schiacciato tra due violazioni del diritto. La nostra e quella moscovita.

Perché i russi sono cattivi. Anzi, i cattivi per eccellenza. E per essere perdonati, devono scusarsi di essere russi.

Il megafono dell'Alleanza atlantica ci ha bombardati con questa infantile stupidaggine e noi l'abbiamo fatta nostra, accusando di complicità con Putin chiunque non fosse d'accordo. In televisione, chi osava cercare di capire i russi doveva premettere di non essere putiniano.

E così, per servilismo, abbiamo bandito Dostoevskij e mezza letteratura del suo Paese, lasciato che si abbattesse la statua di Puškin a Kiev e che si togliessero gli autori russi dalle antologie scolastiche ucraine. Guai a far sapere che esistono russi buoni. Meglio che la loro voce non sia udita.

E allora penso che forse Naval'nyj lo abbiamo assassinato anche noi europei, inseguendo una visione semplificante che non ci appartiene.

Abbiamo dimenticato che la nostra cultura viene dal Mediterraneo, un mondo che sa distinguere e recepire la complessità. E che i Greci, nelle rappresentazioni tragiche, sapevano mettersi nelle scarpe del nemico ed evitare facili trionfalismi.

Ora, a molti di noi tocca prendere lezioni di coraggio proprio dal popolo vituperato fino a ieri. Dagli obiettori di coscienza, dai pacifisti, ambientalisti, disertori di cui non si sa nulla, imprigionati laggiù verso gli Urali e oltre.

Dalle griglie della censura moscovita filtrano sorprendenti segni di resistenza. Ragazze che esibiscono magliette con la scritta AGENTE STRANIERO. O una riedizione del capolavoro di Tolstoj, *Guerra e pace*, con in copertina, al posto di "guerra", "operazione militare speciale", *special'naja voennaja operacija*, espressione imposta da Putin per nascondere la realtà dell'invasione dell'Ucraina.

Intanto, l'America non sa bene come reagire alla morte di Naval'nyj e si muove con goffa incoerenza. In fondo, i poteri che cercano di dominarci con l'arroganza del capitale sono gli stessi, a Mosca come in Occidente. Il potere in Russia è il nostro specchio. Come noi, spietatamente neoliberista.

E così Trump barcolla, si contraddice, spara enormità: prima invita la Russia a invadere l'Europa, poi evita di nominare Putin in relazione alla morte del grande dissidente, infine dichiara sé stesso una vittima, come Naval'nyj.

Nello stesso tempo lo svampito Biden chiama Putin "figlio di puttana", ma intanto costringe un uomo di coraggio come Julian Assange all'esilio sorvegliato in Inghilterra, promettendogli dieci ergastoli in caso di estradizione.

E allora ripenso alla Russia eterna, quella resistente delle donne, la Russia di Anna Politkovskaja, uccisa per aver svelato i crimini del Capo in Cecenia.

La Russia immortale di Anna Achmatova, di Marina Cvetaeva o di Nadežda Mandel'štam, che conservò, imparandole a memoria, le poesie proibite del marito mandato a morire in Siberia. O quella di Marija Judina, la pianista che osò rinfacciare a Stalin i suoi errori.

Un Paese che nelle più atroci sventure si è sempre aggrappato alla letteratura. Un popolo che si raduna sulle tombe dei poeti per recitare versi, mentre noi perdiamo le radici nutrendoci di fiction.

La Russia dove, non a caso, Stalin mandava a morte gli scrittori.

Gramigna

Da quando si combatte in Ucraina, nella mia biblioteca il numero dei libri su Russia e dintorni è triplicato. Almeno due metri di scaffali.

Tolstoj, Bulgakov, Blok, Babel', Brodskij, Svetlana

Aleksievič. Averli letti e riletti è stata la reazione naturale alle banalità sparate dai media. Troppo forte la voglia di capire, affrontando angeli e demoni di quel mondo senza pace.

In guerra conoscere l'Altro è fondamentale, quanto meno per cercare di prevenirne le mosse. E non importa se poi ti mettono in una lista di fiancheggiatori di Putin.

La disumanizzazione del nemico può funzionare per chi è al fronte, ma è una scemenza per chi cerca la visione dello scacchiere geopolitico. Ebbene, da ventiquattro mesi, cioè dall'inizio della guerra, perfetti sconosciuti si intrufolano nelle mie mail con demenziali elucubrazioni sull'innata malvagità dei russi.

Segnalare quella posta come spam non serve. Rispunta continuamente, come la gramigna. È una metastasi, il segno dei tempi. "Il trionfo del cretino," sento dire, "va avanti dal primo giorno dell'invasione."

Mi chiedo spesso da dove sbucano, questi utili idioti. Chi li recluta?

A che pro combattere stereotipi antioccidentali con stereotipi antislavi che confermano nei russi l'idea che l'Occidente sia contro di loro?

Che senso ha mettersi sullo stesso piano di Putin e rispondere alla sua soffocante censura con una nostra autocensura?

Olga è un'amica di Hans che studia letteratura all'università di Mosca, e lui fa una fatica tremenda a spiegarle che tanti europei non odiano affatto i russi.

Come si fa a non capire che questa guerra di assoluti demoniaci rafforza Putin e fa il gioco del Cremlino?

Notiziari

Fuori la notte è nera. Una notte metafisica. Il mondo non ha più memoria e va imperterrito per la sua strada.

La tragedia del grande dissidente, dopo la prima ondata di emozione, è già ripiombata nel pantano dell'oblio e si perde nel frastuono dei notiziari, dove non sei più in grado di distinguere il reale dall'immaginario.

Cadono bombe sulle navi nel Mar Rosso, i noli delle navi aumentano del trenta per cento e gli armatori brindano a champagne.

L'altezza dei bimbi inglesi continua a calare per malnutrizione.

Un algoritmo taglia del venti per cento il salario dei rider a Varsavia, Madrid e Bratislava.

A Napoli un pizzaiolo fa a pezzi con la mannaia un cuoco bengalese passato alla concorrenza.

Un iceberg grande come l'Islanda si stacca dal Polo e punta sulle Svalbard.

Prima dell'alba, in Portogallo due amanti vedono salire dal mare un treno illuminato di quindici satelliti di Elon Musk.

A Rostov, alle quattro del mattino, la polizia irrompe nella casa dove è nascosto Leonid, renitente alla leva scappato dal Donbass.

Tutto come sempre: i ricchi si arricchiscono, discettano a Davos sui destini del mondo, e degli altri chi se ne importa.

A Boston la General Electric ottiene un contratto da cinque miliardi per forniture di armi all'Ucraina.

La Borsa di Singapore registra un aumento di cinque milioni di passeggeri nel mercato delle grandi crociere.

L'esercito israeliano scopre un nuovo tunnel di Hamas nel ghetto di Gaza e intensifica i bombardamenti.

Gli Emirati stanziano in segreto venti miliardi per sabotare la green economy e dare una mano sottobanco alle destre europee.

Oggi si vive solo nel presente, incollati ai consumi.

O forse non si vive nemmeno quello, risucchiati come siamo da una rete che ci fa essere sempre altrove.

La va così nel 2024, un anno che alla fine ci troverà completamente diversi. In peggio.

Comma 22

La pandemia, che avrebbe dovuto renderci tutti migliori e un po' più "green", ha incattivito milioni di individui. Li ha fatti schiavi della rete, li ha abbandonati in preda agli incubi.

Vedo un mondo che acquista armi, si compra droni di autodifesa e precipita in un videogame di guerra, rumina complottismo, negazionismo, vittimismo.

Un'occasione unica per gli influencer, pronti a soffiare sul fuoco dei malcontenti e degli inquieti.

I sovranisti l'hanno colta al volo.

Hanno amplificato i malesseri cui la politica non dava ascolto, poi hanno lavorato sulla credulità della gente per indicare nemici e proporre, come in Germania, la deportazione di milioni di stranieri.

Le destre conoscono il miracoloso effetto autoassolutorio della colpa altrui, quella che ti esime da ogni esame di coscienza.

Esse hanno già sondato la passività delle democrazie di fronte alla violenza, la timidezza di chi porge l'altra guancia e di chi, scioccamente, lotta anche per i diritti di chi li vuole distruggere.

In Germania non occupano birrerie per cantare *Die Fahne hoch*. Ma sono pronti a farlo. Il web li ha resi più audaci.

Situazione tipo il film *Comma 22*.

"Non è ancora il momento per andare al potere," dicono ostentando sicurezza. Non hanno fretta, tanto il tempo gioca a loro favore. E proclamano: "Le grandi manifestazioni di piazza sono solo l'ultimo canto della democrazia".

E intanto spargono la voce che le sfilate oceaniche dei democratici sono una truffa mediatica, un imbroglio costruito con Photoshop.

La voce corre, e spesso funziona. Oggi nessuno più controlla le fonti.

Nemmeno ai tempi di Goebbels la società era così permeabile alle menzogne.

Ventisette

Mettiamo che la Turchia si riprenda con le armi un pezzo dell'Egeo greco, come dire un Paese Nato che attacca un altro Paese Nato.

L'Europa non farebbe nulla, impigrita dalla tutela statunitense e capace di combattere solo per procura. E l'America starebbe a guardare.

Ankara può fare di noi quello che vuole. È armata fino ai denti, conta diplomaticamente e in più ha in mano il rubinetto dei migranti.

Ed eccoci inerti di fronte ai ricatti e al disprezzo di tutte le autarchie mediterranee, dalla Tunisia all'Egitto.

Un Continente paralizzato dal fatto compiuto.

Putin vuole distruggerci? Niente paura, facciamo tutto da soli, come la Grecia narrata da Tucidide nella *Guerra del Peloponneso*, che dopo aver battuto l'impero persiano si è autodistrutta in una miserabile guerra tra città-stato.

Come è triste l'Europa. Un concerto stonato di nazioni. Un baraccone. Un branco di lupi pronti ad azzannarsi tra loro. La paralisi.

Quando l'Alleanza cristiana affrontò gli Ottomani a Lepanto, il contatto col nemico non fu mai interrotto. Venezia teneva aperti i canali diplomatici, se non altro sul piano commerciale.

Noi invece abbiamo accettato di azzerare ogni rapporto col Cremlino.

Diplomaticamente non contiamo più.

Politicamente siamo finiti.

Moralmente siamo scomparsi dal tempo della guerra in Bosnia.

Militarmente non esistiamo, ed è la cosa più grave.

Abbiamo ventisette stati maggiori, ventisette sistemi logistici e di armamento. La nostra presenza in Ucraina è una presa in giro.

L'Ue vende armi a tutti, ma non ha un esercito europeo unitario, che tra l'altro le costerebbe meno di ventisette eserciti separati. E se ora si decidesse a farlo, avrebbe bisogno di dieci anni per costruire un sistema realmente integrato di difesa.

Il professore

Nemmeno Romano Prodi mi rasserena più, l'uomo dalla proverbiale, serafica tranquillità.

Gli parlo, ogni tanto. So che conosce i suoi polli a Bruxelles. Chi se non lui, che per cinque anni ha guidato la Commissione Ue.

Nella nostra ultima telefonata la voce era più cupa del solito. Come se ruminasse parole masticate a lungo.

"Negli ultimi anni, quando vado a tenere conferenze nelle università cinesi o americane, nessuno mi chiede più dell'Europa. È il segno che non esistiamo più, di fronte alla crisi mondiale."

Rileggo gli appunti. "L'Europa può finire a pezzi perché la sua democrazia perde colpi. L'equilibrio dei poteri è saltato. Le lobby spadroneggiano e l'Antitrust, a differenza che negli Stati Uniti, non esiste più."

"Il paradosso è che, se siamo deboli, non è perché il pane è cattivo, ma perché è mezzo cotto. E allora, quando scriviamo il menu, a tavola si siedono l'America e la Cina."

Gli raccontai dei veleni antieuropei che contaminavano il web.

Lui: "Sono un vecchietto, e queste cose non le so. So solo che, se parlo ai giovani, i discorsi sulla pace e la democrazia non funzionano più. Non posso più giocare sui valori, ma sulla paura. Devo dir loro che disunirsi è una follia. Anche la Germania andrebbe in crisi. Figurarsi l'Italia. E allora saremmo dominati da altri".

Organizzare un "contro-web", disse. Bisogna rafforzare la democrazia.

D'accordo, pensai a telefonata finita. Ma come convinci il popolo che la democrazia serve se, di fronte alle grandi crisi, la massa ha sempre cercato un duce con pieni poteri?

Facile farlo con studenti qualificati.

E con quelli rintronati dal web?

Cosa dire a queste anime nella corrente, che non hanno nemmeno la grammatica per leggere il senso degli eventi?

Memorie

Parecchi anni fa, con enorme fatica, storici arabi ed ebrei hanno costruito insieme una storia comune degli eventi che hanno segnato la nascita dello stato di Israele, ma il testo di quella storica composizione non è mai stato adottato. Ai politici di entrambe le parti conveniva lasciare aperte le ferite.

È esattamente ciò che accade sul mio confine. Da tempo una commissione mista italo-slovena ha concordato una ricostruzione di quanto accaduto negli anni caldi fra i due Paesi, solo che questo studio non è mai entrato in vigore, e tuttora le due memorie restano divise, per motivi identici a quelli del Medio Oriente.

Con l'eccezione di Francia e Germania, le memorie divise sono un problema tremendo per tutta Europa, e Bruxelles non si è adoperata per risolverlo. La tragedia della Grande guerra sarebbe stata l'occasione perfetta, ma i vertici dell'Unione non hanno fatto nulla. E così vincitori e vinti hanno continuato a raccontarsi la loro storia, coltivando vittimismi o trionfalismi a seconda dei casi.

Perché una delle terre più belle al mondo rinuncia a raccontare sé stessa? Come mai l'Europa non sa nemmeno dire se essere comunità di valori o di interessi? Perché si è ridotta a definirsi attraverso la contrapposizione con un nemico, vedi Putin il babau alle frontiere?

Nelle loro scuole, i Ventisette continuano a narrare in ventisette modi diversi la loro essenza federale. Ma poiché – mi vien da dire – le guerre nascono nelle menti, ed è nelle menti che vanno eretti i bastioni della pace, ecco che con le scuole in rovina non ci sarà mai davvero pace in questa parte del globo.

E io sono qua come un coglione a preoccuparmi, mentre Bruxelles si sveglia solo ogni cinque anni, alla vigilia delle elezioni europee. Ogni cinque anni ritorna la paura dell'estrema destra, e allora si organizzano in fretta dibattiti, si reclutano idealisti perché infiammino i popoli con Adenauer, Spinelli, Delors e i luminosi ideali fondativi dell'Unione. Dopodiché, arrivederci.

Pochi sanno la solitudine di chi narra oggi l'Europa. Chi ama davvero la bandiera stellata non è ben visto dal Palazzo, perché osa mostrare l'abisso che separa la grigia realtà dai grandi valori che si sforza di rappresentare.

E così, la maggioranza non si rende conto della fortuna di vivere in questa comunità, non apprezza nemmeno i vantaggi di abitarvi, e di conseguenza non capisce che uscirne per dividersi sarebbe un disastro.

L'Europa è una terra che non canta e non ride più, ma si blinda nella paura dell'Altro.

Complicità

Chissà cosa penserà Sasha di come va il mondo, con Putin che dà segni di follia, l'argentino Milei che irrompe in scena imbracciando motoseghe e Trump che invita ad assalire le istituzioni.

Sasha è l'affettuoso diminutivo con cui gli austriaci chiamano il loro presidente, Alexander Van der Bellen; un uomo che ha avuto un ruolo non secondario nella mia passione federalista.

L'ho conosciuto nella primavera del 2018, a Trieste.

Ci era arrivato in incognito, per farsi una vacanza con una banda di amici.

Li aveva portati in Italia guidando personalmente un furgone. Informalità assoluta, niente scorta, e tutto a spese sue. Tempo prima avevo visto Wolfgang Schüssel, allora cancelliere, far la coda col suo bravo carrello in un supermercato di Vienna. Cosa impensabile in Italia, il Paese delle troppe auto blu, dove i ministri fermano i treni a piacimento per scendere dove vogliono.

Sasha aveva letto uno dei miei libri e mi aveva invitato a pranzo su una terrazza a mare. Ne approfittai per dirgli ciò che mi stava a cuore: l'Europa non sapeva raccontarsi, aveva bisogno urgente di una narrazione nuova.

Capì al volo il messaggio e quello stesso anno, a fine novembre, organizzò col mio editore un incontro alla Hofburg, il palazzo reale che fu di Franz Joseph, sul tema "Europa erzählen", raccontare l'Europa. Vennero scrittori da Spagna, Germania, Inghilterra eccetera, a dire la loro formula.

La mia narrazione fu rivolta ai bambini. Una fiaba, quasi; la storia di un viaggio in treno dai faraglioni dell'Atlantico portoghese fino alla sconfinata pianura sarmatica e gli Urali.

Raccontai con parole semplici la bellezza di un Continente e la fortuna di viverci. Fu come una liberazione.

Ne nacque un rapporto durevole. Ci scambiammo qualche lettera, poi ci ritrovammo nel suo ufficio alla Hofburg in occasione dell'ultima fiera del libro di Vienna.

Avevo al mio cospetto un uomo delle istituzioni capace di sedurre con la modestia e il buon senso.

Gli dissi che, dopo il nostro primo incontro, l'impegno di raccontare le fondamenta dell'Europa era diventato totalizzante per me.

Grazie anche al suo incoraggiamento avevo scritto un libro sui Benedettini e le radici giudaico-cristiane del Continente, e poi un poema in versi sul ratto di Europa.

Parlammo della neutralità austriaca sempre più in sofferenza fra le minacce di Putin e la pressione americana.

Fuori piovigginava su Heldenplatz, e Alexander aprì la finestra per fumare un'ultima sigaretta. Sentivo la complicità di quell'uomo mite. Da un enorme ritratto a olio dietro la sua scrivania, l'imperatrice Maria Teresa parve sancire un'alleanza.

Il latino

Mi è arrivata una lettera da Diego, che conosce bene il palazzo di Bruxelles ed è al corrente della mia passione per l'Europa.

"C'è solo un modo," scrive, "per costruire un'appartenenza comune: la scuola. Ma nessuno vuole 'federalizzare' l'istruzione. L'Unione non decide in materia. Se perfino i Länder tedeschi hanno ognuno il proprio sistema scolastico, è dura immaginare un sistema scolastico federale."

Però, dice, sarebbero da pensare almeno programmi

scolastici con materie e curricoli comuni. Si potrebbe "reintrodurre la cultura classica e lo studio del latino, perché se tutti studiano Ovidio, Parmenide ed Eschilo, tutti avranno gli stessi riferimenti culturali. L'importante è far percepire che la cultura classica non è solo italiana, latina o greca, ma è patrimonio comune".

Su questo tema conservo una testimonianza sfolgorante. Un'intervista allo scrittore Patrick Leigh Fermor in occasione dei suoi novant'anni, nella sua casa immersa nella campagna inglese.

Fermor era uomo d'azione. Nel 1941, col grado di maggiore dell'esercito britannico, si era fatto paracadutare a Creta per organizzare la resistenza contro i tedeschi.

Con un colpo di mano leggendario, da cui sarebbe nato un film, l'inglese aveva catturato il loro comandante in capo, il generale Heinrich Kreipe, e lo aveva nascosto in una grotta del Monte Ida.

Scelta molto mitologica, perché sull'Ida si narra che Giove abbia passato la prima infanzia.

Un giorno Patrick si accorse che il tedesco prigioniero, seduto all'imboccatura della caverna, stava mormorando dei versi in latino guardando le nevi della più alta montagna dell'isola.

"*Vides ut alta stet nive candidum / Soracte...*"

Era un'ode del poeta Orazio, che parlava del paesaggio invernale del Monte Soratte, presso Roma.

Da ragazzino, Fermor aveva avuto un istitutore che gli aveva fatto amare il mondo classico e quel giorno, d'istinto, recitò al generale il seguito del verso.

"*...Soracte, nec iam sustineant onus / silvae laborantes geluque / flumina constiterint acuto.*"

Il tedesco si voltò stupito verso l'inglese e disse: "Ach so...". Che voleva dire, scrisse Patrick: "Vedo che abbiamo bevuto alle stesse fonti".

Il latino li aveva uniti.

Qualche anno più tardi, Patrick e Heinrich, vincitore e vinto, si riabbracciarono in diretta tv e cantarono insieme una vecchia canzone greca.

Mezzo secolo dopo cantammo anche noi, a fine intervista. Fermor si alzò in piedi con in mano un bicchierino di sherry e intonò un inno patriottico bulgaro. Io risposi con una sevdalinka bosniaca.

Eravamo due pazzi. I nostri cuori erano posseduti dai Balcani.

Le termiti

Bernard Guetta, ex grande corrispondente da Mosca per la stampa francese, l'ho conosciuto in occasione di un incontro a Bruxelles dedicato al rilancio dell'Unione. Abituato a trionfali conferenze da primattore, non era tipo che ascoltava molto. Arrivò a dubitare del mio europeismo e questo mi irritò non poco.

Ma la sua storia mi affascinava. Ebreo nato in Nordafrica, era in eterna fuga dai nazionalismi, e aveva una Grande Madre simile a quella di un altro autore ebreo francese immigrato, Romain Gary. Mi piaceva il suo modo di dirsi europeo per sottrazione, perché nessuna nazione lo definiva. Ammiravo, e ammiro ancora, in lui la sete inestinguibile di testimoniare e viaggiare, nonostante l'età.

Apro il suo ultimo libro, *I sovranisti*, pubblicato in Italia da Add, e vi leggo lo sconforto: "In una manciata di anni tutto [...] si è trasformato in polvere, come travi erose da termiti invisibili, e ovunque, dagli Stati Uniti alla Cina, dalla Russia fino al cuore di questo bastione delle libertà che è l'Unione europea, si è tornati alla politica del fatto compiuto, del diritto del più forte, del rifiuto dell'altro e della regola dell'ognun per sé, dietro frontiere fortificate da muri e recinzioni".

E ancora: "Dietro la nostalgia del periodo comunista che si percepisce in Ungheria, ho ritrovato quell'intenso rimpianto delle certezze passate che si avverte in Francia, negli Stati Uniti o in Gran Bretagna, perché oggi la paura dell'ignoto è la cosa più diffusa al mondo".

Priva dei mezzi per imporre regole, leggi e compromessi sociali a un capitale "tornato re grazie alla riduzione delle distanze e alla libera circolazione dei capitali che consentono di delocalizzare le sedi delle società e la produzione, a seconda dei loro interessi," spiega Guetta, la democrazia è in regressione.

E allora si dice "no" a tutto, sempre "no", come i tessitori di seta del diciannovesimo secolo che spaccarono i telai che toglievano loro il lavoro. Parti intere e sempre più ampie di Paesi sempre più numerosi si oppongono a qualsiasi cambiamento per paura di Bruxelles e dell'islam, della decadenza europea, dell'immigrazione latinoamericana o dell'abbassamento del tenore di vita.

"Ci sono state alcune sere," scrive ancora Bernard, "in cui mi sono chiesto dove portare i miei cari prima che i muri me lo impediscano, ma, davanti al pericolo, il dovere impone non di fuggire ma di battersi, di combattere, se è il caso, contro questo diluvio di menzogne e di idiozie che alimentano la paura, nutrono l'oscurantismo, confortano l'estrema destra e spingono al peggio."

E allora anche Guetta capisce dove sta il problema, e invita l'Europa a investire in narrazione per far comprendere che da nessun'altra parte al mondo si investe altrettanto per l'istruzione e per la sanità. E a spiegare che nell'Ue la democrazia è reale "perché nella vita politica e nelle campagne elettorali il denaro è di gran lunga meno determinante rispetto agli Stati Uniti".

L'ora buia

Ci sono momenti in cui ho bisogno del vecchio Winston, di quel "We shall never surrender" del 1940 in parlamento, dichiarato sul muso dei nazi padroni d'Europa con una sapienza ritmica più forte delle Panzerdivisionen.

Come Shakespeare, anche Churchill scandiva in versi i suoi discorsi. Padroneggiava il ritmo e le pause, giocava da maestro sulle ripetizioni. Non gonfiava le parole di decibel, come Hitler, ma spezzettava e marcava ogni frase con un understatement molto British e un'inconfondibile curva tonale dall'effetto ansiolitico. Diceva che la sapienza retorica – arte oggi sommersa da un assordante bla-bla universale – ti rende padrone del mondo.

Lo so a memoria, quello storico appello alla resistenza nell'ora più buia.

"And... if all do their duty... we shall prove ourselves once more able to defend our... Island home, whatever the cost may be...", e poi, con ritmo martellante: "We shall fight on the beaches... we shall fight on the landing grounds, we shall fight in the fields and in the streets, we shall fight in the hills".

Non conosco nessun politico capace di pronunciare oggi, con parole egualmente chiare, un'orazione simile, per rompere la corsa al suicidio dell'Europa di oggi. Nessuno, nell'establishment, che sappia lanciare come Churchill un invito alla lotta per evitare che un continente sia inghiottito dal "precipizio di una nuova stagione buia" dell'umanità.

Scusate, se per me è magnifico.

La metamorfosi

Che altro può offrire a una buona battaglia un uomo della mia età, se non povere parole?

Così pensavo, col cuore a mille, da solo nel buio, in fondo al palcoscenico della Scala di Milano, in attesa di entrare in scena.

I violoncelli erano già al loro posto e stava per toccare a me.

Non ero mai entrato nel tempio della musica italiana, nemmeno da spettatore, e quell'ingresso mi sembrava uno spericolato salto nel vuoto.

Dovevo raccontare l'epopea degli sbarchi a Lampedusa, e avevo scelto di farlo attraverso la storia di un albero che diventa barca da pesca, poi traghetto di migranti, infine strumento ad arco in un'orchestra.

Una tripla metamorfosi, un sortilegio, compiuto a sorpresa dalle mani di detenuti-liutai.

Pensavo che se gli uomini avevano perso la memoria, il legno no. Il legno porta impressa nelle fibre la colonna sonora della propria vita.

Si sente subito se un violino è stato amato, e i legni che avrebbero suonato quella sera erano rinati grazie all'amore.

Anche le lacrime e il sale di cui erano impregnati, ne ero certo, avrebbero reso più morbido il suono.

Quando finalmente presi a parlare davanti a una platea strapiena e a una fila di palchi che pareva alta fino al cielo, mi chiesi se quella rappresentazione, rivolta a un pubblico selezionato e certamente favorevole, fosse sufficiente.

Senza dubbio, era magnifico: due magistrali violoncelli accompagnavano le mie parole. Strumenti che portavano ancora i colori delle barche da cui erano stati ricavati.

Ma si doveva fare di più. Parlare al popolo. All'Europa profonda.

Dissi che non potevamo accontentarci di una "furtiva

lagrima", come nell'*Elisir d'amore* di Donizetti, dovevamo rompere i catenacci dell'indifferenza.

Rispondere col cuore, più che con la mente, alle ragioni della pancia.

Col cuore, non con i ragionamenti o con i fatti, che oggi non servono più a niente.

Le tre

Il coltello

Due giorni fa, nelle stalle sopra il paese sono venuti a prendere gli agnelli.

Pasqua è vicina e richiede questo rito, reso ancor più crudele dal mercato, che toglie ogni intima sacralità al sacrificio.

Li hanno strappati dai capezzoli delle madri, e per un'ora il paese è stato invaso da un lamento. Piangevano le pecore con le mammelle piene, piangevano i cuccioli mentre venivano caricati sul furgone.

Da bambino, ricordo, gli agnelli vivevano assieme alle mucche e si divertivano come pazzi a saltarci sopra. Facevano acrobazie spettacolari da una schiena all'altra.

Poi, prima di Pasqua, scomparivano tutti assieme. Io non mi capacitavo di dove fossero finiti, e del perché le mamme piangessero, e allora la nonna rispondeva che si erano rotti le zampe cadendo dalle mucche.

A me pareva strano che la cosa si ripetesse ogni anno, e che noi a Pasqua mangiassimo agnelli che si erano ammazzati da sé.

Poi seppi del coltello. Erano gli stessi anni in cui scoprii la Shoah.

L'orologio della cucina segna le tre.

Annoto la parola "Messer", coltello, su un foglio A4, in maiuscolo, a tutta pagina e con tre punti esclamativi.

L'ho scritta in tedesco per via di Mackie Messer, un personaggio dell'*Opera da tre soldi*, composta da Bertolt Brecht nel 1928, cinque anni prima dell'avvento del nazismo in Germania.

Non è un caso che Brecht mi venga a cercare proprio ora, con l'aria che tira.

A Mackie è dedicato un famoso motivo. Lo sentii cantare anni fa da Lotte Lenya, in un vecchio vinile. Racconta la storia di uno stupratore e assassino che inganna le vittime nascondendo il coltello fatale.

Nazismo, il coltello, gli agnelli. Non so dire se la canzone abbia svegliato il pensiero, o il pensiero la canzone. Tutto sta avvenendo in un tempo troppo breve.

Il senso, comunque, è chiarissimo. La nuova destra cerca voti tra i deboli, ben sapendo che i deboli saranno le sue prime vittime sacrificali e che andranno docilmente allo scannatoio perché il macellaio nasconderà il coltello.

Hans, il mio alleato tedesco, mi ha raccontato che in Renania-Vestfalia l'AfD ha censito gli affiliati stranieri, accorpandoli in un gruppo a parte. Mi spiega che, così facendo, il partito ha raggiunto due obiettivi in una mossa sola: accreditarsi, mostrando un volto non xenofobo, e contemporaneamente avere l'elenco degli "allogeni" da tenere d'occhio una volta raggiunto il potere.

Con gli ebrei fu la stessa cosa, prima che iniziasse la persecuzione. Molti di essi, per sentirsi più sicuri, fecero professione di patriottismo o fecero presente di aver combattuto con valore la Grande guerra.

Non furono risparmiati per questo.

Arroganza

Nelle abbazie benedettine il giorno comincia alle tre. Quella che per noi è notte, in quel mondo è già mattino. I monaci guardano alla notte come a una lunga rincorsa verso la luce.

Alle tre mi sveglio anch'io, spontaneamente, quando sono preso dalla scrittura di un libro. A quell'ora i pensieri mi cercano e si inanellano a un ritmo così veloce che la penna non riesce a stargli dietro. Qualcosa di simile a uno stato di grazia, che ti fa vedere il mondo dall'alto.

Nel tempo della creatività, la mia vita segue spontaneamente ritmi benedettini. Ore 3.00 sveglia, 3.30 accensione del fuoco e colazione, 4.30 scrittura, e così via. Riflessione e azione, *ora et labora* in giuste dosi alternate.

Dopo "Messer" annoto un'altra parola chiave, un'altra percezione da sviluppare: "Weimar". Anche quella con i suoi punti esclamativi.

Nel parlamento bavarese, da quando è cresciuta l'AfD,

un clima pesante, carico di arroganza, inibisce il dialogo democratico.

I nuovi arrivati irridono l'assemblea, interrompono i lavori, lanciano gravi accuse sul piano personale.

Una volta, quando finivano i lavori del Landtag, i consiglieri uscivano a bere una birra assieme. Oggi no, si rincasa in fretta.

Alcuni parlamentari hanno ricevuto minacce anonime tali che, per paura, si sono rassegnati a vivere tra casa e ufficio. Di conseguenza, stanno meno tra la gente e, così facendo, lasciano campo libero al nemico.

"Siamo al 1928," mi ha scritto pochi giorni fa Claudio, un grande amico di Monaco che di mestiere fa l'astrofisico. Claudio è un uomo speciale, che costruisce ponti fra le persone. Dice di sé di avere una parte femminile che lo rende ipersensibile all'Altro.

La sua passione è integrare stranieri. Una fatica estenuante, che a volte lo inghiotte e lo fa scomparire per giorni.

Siamo al 1928 perché quell'anno segna l'inizio della caduta della Repubblica di Weimar.

Anche gli insegnanti sono inquieti, racconta. Specie quelli che lavorano nella Mittelschule, piena di bimbi stranieri.

Giornalisti, insegnanti e mediatori culturali sono nel mirino e la crisi di Gaza ha peggiorato la situazione.

Turchi nati in Germania pensano di tornare in Turchia. Ebrei mettono in conto di cambiare Paese.

La gente di colore, soprattutto le donne, si interroga con ansia sul futuro.

Tedeschi qualificati hanno cominciato a emigrare. C'è violenza nell'aria. In tutta Europa.

Violenza

Penso a Parigi, così come l'ho vista nella mia ultima trasferta. Parigi, ridotta a uno stato di polizia dopo i grandi attentati islamisti. Mimetiche ovunque, uomini truci col proiettile in canna. La "douceur de vivre", scomparsa.

Nella metropolitana, per un urto involontario tra la folla, ho rischiato di essere picchiato da un giovane algerino. "Ci odiano più di quanto noi possiamo odiare loro," ha commentato Manault, amica cara. Dalla provincia arrivano notizie di aggressioni, voci di "razzismo antibianchi" e storie di giovani musulmani armati di coltelli.

In zona Luxembourg ho visto un esercito di turbocattolici inginocchiarsi davanti al senato per salmodiare contro le leggi sull'aborto. E poi svastiche nei luoghi della memoria ebraica, e un crescendo di minacce, dopo l'inizio della tragedia fra Gaza e Tel Aviv.

Parigi mi metteva davanti allo spettacolo di una società polarizzata in crisi di nervi. Diceva che in tutta Europa il vocabolario e il comportamento delle persone stavano registrando una mutazione allarmante.

Violenza diffusa. La linea rossa era saltata.

Azzurra, una collega di "Repubblica", mi ha cortesemente mandato un dossier sul tema. Roba tosta, dura da digerire.

In Spagna i nostalgici del franchismo hanno vandalizzato più di duecento sezioni del Partito socialista al governo, reo di aver ceduto alle pretese degli indipendentisti catalani.

A Madrid il clima è così pesante che il capo del governo, Pedro Sánchez, vive rinchiuso nel palazzo e non si arrischia a passeggiare per strada. "Dio non voglia che gli sparino in faccia," ha osato dire un conservatore spagnolo del parlamento europeo, con una messa in guardia che pare tanto un augurio.

Ogni sera, davanti al palazzo centrale del Partido Socialista Obrero Español, il Psoe, una falange di attivisti recita il rosario per mezz'ora, poi tutti assieme tuonano "hijo de puta!" e se ne vanno. Obiettivo: mettere fuori legge le sinistre, l'ambientalismo, il femminismo e i diritti degli omosessuali.

Nella democratica Olanda, dove il partito xenofobo nei fatti è già al comando, la professoressa Sarah de Lange dell'università di Amsterdam, massima esperta europea sul tema delle destre estreme, deve muoversi con la scorta, tante sono le minacce che ha avuto.

Quasi la storia di Alexandra Föderl-Schmid.

A Vienna la Övp, la Österreichische Volkspartei, cugina prima dell'AfD tedesca, è riuscita a mettere le mani sulla "mappa dell'islam", che individua moschee, associazioni e persone legate a quel mondo, e a usarla per tappezzare le città di cartelli gialli con la faccia feroce di un imam e la scritta: "Attenzione, islam politico nelle vicinanze". Un'incitazione a erigere muri di autodifesa, come nell'Ungheria di Orbán.

Uno dei migliori cervelli di Grecia, Yanis Varoufakis, è stato picchiato a sangue da un commando di estremisti davanti al ristorante di Atene dove mangiava. Eppure era stato uno dei pochi che nel 2008 aveva difeso la Grecia indebitata dall'attacco della "trojka" del mondo finanziario.

Per non parlare dell'ex ministro delle Finanze, Giorgos Papakonstantinou, che per aver denunciato le collusioni dell'establishment oggi non si arrischia a passeggiare per strada e vive come agli arresti domiciliari.

Atene mi mette di fronte al paradosso di un Paese xenofobo e allo stesso tempo ospitale come nessuno. La Grecia, che ha sancito meglio di chiunque la sacralità dello straniero ma anche il concetto di capro espiatorio. Concetto che oggi applica allo straniero medesimo, contraddicendo sé stessa.

Di quanto ascolto avremmo ancora bisogno per capire.

Linguaggio

Ho letto sui giornali che in Germania alcuni degli eredi democristiani di Angela Merkel, per correre ai ripari, fanno i duri e imitano la retorica della destra.

"Bisogna buttarli fuori," tuonano a proposito degli stranieri, sperando di spostare al centro il voto xenofobo. Dispongono retate ed espulsioni, ma sono solo maldestri tentativi di acchiappare elettori.

La gente però sceglierà sempre l'originale. Non la sua imitazione.

Storia vecchia, come la politica.

Il caso francese è illuminante. Nel gennaio 2024 Macron approva una stretta sull'immigrazione e il sistema di accoglienza con i voti determinanti di tutta la destra, un provvedimento vantato da Marine Le Pen come una "vittoria ideologica" del suo partito.

E io che speravo nel képi di De Gaulle, nel ricordo della Résistance, dei Poilus, dei maquisards, nella *Marseillaise*...

Io che ricordavo la Francia di Victor Hugo che già nel 1849 aveva solennemente declamato davanti all'Assemblée Nationale: "Un jour viendra... [que nous aurons] les États-Unis d'Europe"...

Che bisogno avrebbe avuto di una destra al governo, mi illudevo, una "France" così piena di nazione già nel nome e gonfia di grandeur in modo quasi irritante?

Speravo in quel suo presidente giovane al secondo mandato, che avrebbe potuto ignorare i sondaggi e prendere decisioni coraggiose.

Invece, niente. Eccolo scavalcare a destra il Front National e invocare l'invio di soldati europei sul fronte ucraino, col bel risultato di accreditare Marine Le Pen come moderata.

Standо così le cose, la destra vincerà in Europa anche senza vincere, se i centristi continueranno a imitare il suo linguaggio e la sua politica sui temi dell'identità, della green economy, dell'immigrazione e dell'islam.

Il dramma è che anche la sinistra sdogana una deriva in questo senso. "Quando eravamo noi al governo, passavano meno clandestini," si è vantato Stefano Bonaccini, capo di quella che è stata la regione d'Italia rossa per eccellenza.

In Slovenia il nuovo governo sarà anche progressista, ma impone su radio e tv una commissione con diritto di censura su qualsiasi trasmissione culturale, peggio che nella Jugoslavia di Tito, al punto che c'è già chi grida a un "fascismo di sinistra".

D'altra parte, perché indignarsi? Oggi in Europa destra e sinistra sono figlie dello stesso... videogame.

Il Putsch

Me li ricordo bene gli anni in cui giravo tra Salisburgo, Monaco e Grenoble a studiare i nascenti populismi alpini.

Allora la destra aveva un volto che, a rileggerlo oggi, era ancora presentabile e sembrava aver abdicato al razzismo vecchio stampo.

Non si parlava più di "Blut und Boden", di sangue e suolo.

In Austria ci aveva pensato Jörg Haider. Il buon Haider, tanto demonizzato anche perché aveva un cognome che iniziava per "H". Io stesso l'avevo coperto di contumelie, quando ancora non sapevo che quelli dopo di lui sarebbero stati peggio.

Con Haider la difesa della razza si è camuffata. È diventata "tutela delle differenze", protezione delle biodiversità antropiche. Un concetto quasi di sinistra.

In fondo, la si pratica per il bene di tutti, no? Anche dei neri, dei rossi e dei gialli.

Oggi la maschera è caduta.

Se in Germania i democristiani sono ostaggio di Alternative für Deutschland, la stessa AfD è diventata ostaggio delle frange più estreme, che hanno preso il controllo del partito attraverso un Putsch orchestrato col contributo decisivo dei tedeschi-russi e dei giovani leoni dell'ex Germania Est, ovviamente osservati con interesse dal Cremlino.

La vecchia dirigenza è stata spazzata via, se non sconfessata, nel giro di poche ore, e adesso impera Björn Höcke, occhio freddo acquoso e bocca femminea, uscito dalle foreste della Turingia.

Il mentore e ideologo del partito è un sudtirolese nato a Merano, dunque in Italia, e il suo nome è Marc Jongen. Un uomo e un "link" transalpino, e molto pantedesco, tutto da studiare.

L'accelerazione degli eventi è impressionante. Sembra di rileggere Shakespeare, Macbeth che uccide nel sonno il proprio re.

Il ribaltone comincia come sempre dal lessico. Parole maledette come "Lebensraum", spazio vitale, o come "Überfremdung", eccesso di stranieri, riemergono dalle catacombe.

Nei discorsi di Höcke e di Jongen, l'aggettivo "nationalsozialistisch" cambia vestito e diventa "sozialpatriotisch".

L'antisemitismo è accantonato, per ora. Il nuovo nemico è l'islam.

Da qualche mese il partito sembra tornato a uno stato pre-Haider, all'idea della superiorità etnica, culturale ed economica dei tedeschi, specie tra i giovanissimi, ipnotizzati dall'estetica delle rune.

Ma nel partito non ci sono solo i giovanissimi in cerca di un padre forte. C'è molto altro. Anche stranieri. Lì è la sorpresa. L'AfD non è un partito di soli... ariani.

Lo schema è quello descritto da Hannah Arendt. Alternative für Deutschland pesca nel mare magno dei soli, dei frustrati, dei nativi digitali, degli spaesati bisognosi di un capo. E trova utili ripetitori tra gli intellettuali non riconosciuti dall'establishment.

Raccoglie adesioni insospettabili.

Mamme musulmane che temono per l'integrità delle loro figlie e cercano un partito della sicurezza.

Immigrati polacchi anticomunisti e turchi che vogliono essere più tedeschi dei tedeschi.

Anche sinceri europeisti, che si sentono traditi dall'egoismo delle altre nazioni.

E naturalmente quelli che vorrebbero buttare fuori dall'Ue le periferie mediterranee e orientali, per ridurre l'Alleanza federale a un nocciolo dal nome elegante: Kerneuropa.

Se un europeo è vissuto in posti come il Sudan del Sud o il cuore del Brasile amazzonico, diventa molto più attento ai segni di deriva del suo continente. Il regista tedesco Werner Herzog e il reporter polacco Ryszard Kapuściński hanno trascorso gran parte della loro vita nel peggio del Terzo mondo, spesso in situazioni limite, a rischio della vita. Per questo si sono sentiti fratelli nella percezione di un possibile catafascio dell'Europa. Nella sua recente autobiografia, *Ognuno per sé e Dio contro tutti* (pubblicata in Italia da Feltrinelli), Herzog racconta di come, insieme, provassero a immaginare quel futuro.

Eccolo: ascensori che smettono di funzionare, ingorghi che durano giorni, contante che diventa carta straccia; nessuno che legge più, a meno che non si tratti di bizzarre teorie cospirative, e quando un po' d'acqua esce dalle tubature tutti che si affrettano a fare scorta, perché il servizio è in mano alla mafia delle autocisterne. E poi distributori vuoti, anarchia e soldati ubriachi, incapaci perfino di fucilare i loro ministri, arrestati con un colpo di stato.

"Un mondo," conclude Herzog, "che non doveva essere inventato, perché era già da tempo a portata di mano. Bastava solo guardarsi intorno."

I primi segni di questa involuzione verso il disumano l'avevo percepita quando, in Italia, era diventato di moda segare le panchine per impedire alla gente comune di godersi il sole senza pagare o senza consumare in un locale. Con quelle panchine se ne andava l'idea stessa del bene comune. E infatti, subito dopo, sono state tolte o ridotte al minimo le sale d'aspetto in molte stazioni. Col risultato di trasformare il panorama ferroviario in un inferno di anime in pena.

La bomba

Il mio professore di greco al liceo, che pure era un fascistone, sosteneva non a torto che l'identità, cioè l'etnia, è cosa seria, infinitamente più complessa del DNA della stirpe. Diceva che è un'essenza impalpabile che contiene anche profumi, voci, rabbie, paesaggi, canzoni, gusti, paure, incontri, contaminazioni e immigrazioni.

Quando non capivamo il concetto ci tirava dietro il Rocci, vocabolario di tre chili; e noi lo sentivamo volare dalla cattedra con precisione balistica, ci beccava il cranio e tutti stavano zitti, pure i genitori, perché la cultura, c'è poco da fare, si ficca in testa a martellate.

Nel raccontare l'ascesa della Lega Nord in Italia, avevo avvertito i lettori: "Attenti, questo è un viaggio nell'etnia: nel ventre, cioè, di quella cosa innominabile che la sinistra rifiuta. Davanti a essa, i progressisti fuggono precipitosamente. Vedono Hitler, Balcani, lager, deportazioni".

Mi ero detto: "Com'è strano! Applicata al Tibet, agli Indios o alla vecchia musica popolare, l'ethnos è una cosa 'di sinistra', sinonimo di popolo. Applicata all'Occidente, alla modernità, diventa chissà perché 'di destra', equivalente regressivo di 'razza'. In breve, una parola maledetta".

Quando ci ripenso, non so dire cosa sia peggio: l'identità dei sovranisti, che si riduce a pura discendenza razziale e reclama che la Terra debba appartenere solo a quelli che l'hanno occupata per primi, oppure la rimozione del problema identitario da parte dei partiti "politicamente corretti".

Non so cosa mi faccia più paura: le urla che amplificano il malessere dei popoli senza dar loro risposta, oppure la mancanza di ascolto rispetto a quel malessere diffuso.

In entrambi i casi la gente è smarrita, ripiega sulla tribù, sulle bande di autodifesa. E cerca il nemico, esterno o interno che sia.

Comunque la si veda, la politica lascia fermentare il malumore in una pentola a pressione.

Povera identità. Abuso di un termine che può diventare una bomba a tempo.

Memoria nera

Sono in quel momento della notte in cui ci si sente soli, un po' come Cristo nell'orto degli ulivi.

Mi torna in mente quando lui dice "Abbà Padre, allontana da me questo calice", o qualcosa di simile, e poi si abbandona a Dio rinunciando a ogni umana consolazione.

Tutto si lega. Tutto torna. Frammenti di viaggi apparentemente slegati stanotte fanno cortocircuito fra loro.

Alla periferia di Bruxelles, a Tervuren, c'è un museo molto speciale. Quello dell'Africa Centrale. L'avevano costruito ai primi del Novecento per celebrare la grandezza coloniale del Belgio, uno degli Stati più piccoli d'Europa che aveva sottomesso un territorio immensamente più grande, il Congo.

A Tervuren un gigantesco, onirico elefante imbalsamato, al centro della sala maggiore, vi punta per caricarvi e infrangere le bacheche piene di altri animali della giungla.

Quel museo è un'arca, e quell'arca contiene un mondo. Centottantamila non meglio identificati "oggetti etnografici" e un numero enorme di strumenti musicali che sembrano portarti alla fonte primordiale dell'energia ritmica.

Forse solo Winfried G. Sebald, l'autore di *Austerlitz*, avrebbe potuto narrare quel luogo. Nel suo nuovo libro *King Kasai. Una notte coloniale nel cuore dell'Europa*, pubblicato in Italia da Add, lo scrittore francese Christophe Boltanski chiama quel museo "un impero compresso in una scatola, un'enciclopedia tridimensionale".

Tervuren non è una Wunderkammer. Il luogo emana cupa inquietudine, e Giulio, un amico di Bruxelles, me ne ha spiegato il motivo.

Per decenni gli "oggetti etnografici" più pregevoli sono rimasti confinati nei depositi sotterranei del museo, poiché mostrarli avrebbe provato una capacità artistica incompatibile con l'immagine scimmiesca del selvaggio.

Bisognava nascondere che il Congo aveva avuto una civiltà.

Gli africani che lo abitavano dovevano essere visti alla stregua di animali. E difatti, sino alla fine degli anni cinquanta continuarono, non solo in Belgio, gli "zoo umani", che esibivano in pubblico i "selvaggi" vivi, per giustificare la colonizzazione.

Una quantità sterminata di meraviglie rimase così sepolta e venne riscoperta appena negli anni novanta. Tornarono alla luce autentici tesori. Furono ripulite dalla muffa spettacolari maschere africane, poi messe in mostra con enorme successo.

Il museo venne ristrutturato e nel 2021 è stata organizzata una mega-esposizione sul periodo coloniale che è suonata come un atto di autocritica, anche se in ritardo rispetto all'operazione analoga del 2011 a Parigi col Musée du quai Branly.

Si riabilitava un mondo.

Ma l'Europa fa ancora un'enorme fatica ad ammettere i suoi peccati coloniali. Soltanto nel 2002 il governo belga ha riconosciuto la responsabilità nell'assassinio di Patrice Lumumba, primo presidente democraticamente eletto, e ha porto le sue scuse alla famiglia e al popolo congolese.

I resti di Lumumba erano stati fatti a pezzi e dissolti nell'acido. Alcune delle ossa furono ritrovate dopo anni, compreso un dente che nel 2022 il Belgio ha restituito alla Repubblica Democratica del Congo.

Sempre nel 2022, a Monaco, ho avuto modo di leggere i dati reali, agghiaccianti, sui delitti commessi in Africa dal Continente che si riteneva fulcro della civiltà mondiale.

La comunità ebraica locale aveva dato vita alla mostra "The Last Europeans", un titolo da brivido, che sembrava classificarmi come raro esemplare di una razza in estinzione.

Al primo piano c'era una rassegna di documenti sulla storia della violenza europea nel ventesimo secolo. È stata una visita sconvolgente, che mi ha mostrato come la furia assassina della civilissima Europa avesse conosciuto un atroce innesco africano.

Il solo Belgio aveva fatto dieci milioni di morti in Congo. La Francia non era stata da meno. E poi la Spagna, l'Italia, la Germania. Un Darwin frainteso aveva giustificato l'idea della superiorità razziale dei bianchi e dato mano libera ai negrieri.

La stessa sindrome di onnipotenza di Hitler era figlia della scandalosa certezza di impunità del colonialismo europeo.

Chi si ricordava, negli anni trenta, dei congolesi trucidati dai belgi o degli armeni massacrati dai turchi meno di vent'anni prima?

Nessuno. E nessuno si sarebbe ricordato, pensò l'ex imbianchino, dello sterminio degli ebrei.

Su un muro del palazzo espositivo stava scritto: THE

IDEA OF EUROPE IS FALLING APART BEFORE OUR EYES, l'idea stessa di Europa sta disfacendosi davanti ai nostri occhi.

E io me ne stavo lì in silenzio a contemplare quella frase lapidaria, biblica, veritiera e terribile.

Essa diceva che uno dei motivi del dissolversi dell'idea di Europa era che le nazioni si definivano attraverso una falsificazione della Storia.

Oggi pare lampante che dietro il ritorno delle destre vi siano anche gli orfani di una supremazia coloniale, pronti a coprire i misfatti dei loro predecessori e a ristabilire l'idea di una superiorità razziale sull'immigrato. E di tutti gli immigrati, l'africano è il più temibile, perché rappresenta la nostra coscienza sporca.

I sovranisti europei non ammetteranno mai di avere un debito enorme con il resto dell'umanità. Spesso le nazioni costruiscono una loro identità ideale sulle rimozioni. A Barcellona, per esempio, il monumento a Colombo è stato oscurato (forse sarà abbattuto), affinché la Catalogna possa cancellare la sua complicità con il colonialismo ispanico.

Silenzio su questo anche nei libri scolastici. L'establishment autonomista catalano fatica ad ammettere che la sua fu anche una borghesia di negrieri (persino l'ex presidente della Generalitat de Catalunya, Artur Mas, ne ha tra gli antenati) arricchitasi col traffico di esseri umani, e basa il proprio distacco da Madrid anche sulla falsificazione di quel pezzo di Storia.

Sono ottant'anni che la Germania chiede scusa.

L'Italia no, quei conti non li ha fatti. Con la memoria fa la furba, le dedica non una ma due giornate, un record europeo

solo che non chiede scusa di un bel niente, anzi, è l'Italia che chiede agli altri di scusarsi

agli slavi per le vendette del dopoguerra

e ai tedeschi per i campi di sterminio

perché gli italiani, non lo si dice abbastanza, sono brava gente

e non hanno invaso la Russia,

non hanno attaccato la Grecia,

non hanno assassinato jugoslavi

non hanno vinto gli etiopi col gas

non hanno avuto campi di concentramento

non hanno collaborato con i nazisti per spedire ebrei a Bergen-Belsen.

Il capo del governo italiano, Meloni, partecipa al rito in memoria dei morti nelle Foibe, ma ci va anche per sorvolare sulla ferocia italo-fascista che ha innescato quelle atroci vendette.

Poco dopo, il premier ribadisce il concetto alla stazione Centrale di Trieste, inaugurando il Treno della Memoria dedicato alla tragedia degli esuli italiani dalla Jugoslavia.

Ma nel farlo glissa sulla realtà degli esuli di oggi, che il suo governo obbliga a languire in quella stessa stazione, a pochi metri di distanza.

Memoria strabica, dunque. Anzi, cecità volontaria, se è vero che il treno è stato trasferito su un binario più appartato, perché la vergogna fosse meno visibile.

In questo l'Italia è imbattibile. Finge con disinvoltura di non aver perso la guerra e convive con i suoi fascisti perdonati, mobilitati in massa contro l'Impero del male con la benedizione dell'America.

Un infettivologo direbbe che l'Italia non ha più anticorpi. Forse non li ha mai avuti. E infatti ha poca gente in piazza a sostegno della democrazia.

Se la Germania è il bastione della memoria dell'Europa e i Balcani il suo eterno detonatore, l'Italia ne resta il ventre molle.

Rimozioni

Nelle botteghe del ghetto di Trieste, vedo accumularsi sugli scaffali montagne di volumi d'antiquariato che nessuno vuole.

Mi sporgo come da una balaustra su un fiume rombante di memoria cartacea che scompare dalle case della vecchia borghesia austroungarica, inghiottito dalla voragine dell'era digitale.

Assisto a qualcosa di tremendo, come il rogo dei libri nella Germania nazista. Una perdita forse più grave di quella dell'incendio della biblioteca di Alessandria.

Ebbene, i sovranisti vivono alla grande in questo mondo in stato di crescente amnesia. Essi si riempiono la bocca della parola "memoria", ma in realtà temono la Storia, perché la Storia li sbugiarderebbe.

La Storia direbbe che Orbán è un camaleonte matricolato, diventato nazionalista restando Homo Sovieticus; gli ricorderebbe di aver preso laute borse di studio da quel George Soros che ora accusa di ogni nefandezza.

Direbbe alla Francia che ha conquistato nel sangue l'Algeria e la sua parte di Congo, oltre ad aver razziato opere d'arte in mezza Europa ai tempi di Napoleone.

La Storia farebbe presente alla Romania che nel 1989 la sua non fu una rivoluzione, ma un perfido camaleontismo.

Rammenterebbe alla Polonia e ai Paesi Baltici i pogrom compiuti in passato ai danni degli ebrei.

Demolirebbe la bugia secondo cui gli austriaci sono stati "vittime" e non coprotagonisti del nazismo.

Richiamerebbe alla memoria degli ucraini che il Donbass fu regalato loro proprio dal nemico comunista moscovita.

Guai a dirle, queste cose. Ti accusano di essere antipatriottico e di disonorare il tuo Paese.

Figurarsi ricordare che questa Europa impaurita dalle migrazioni ha teorizzato per cinque secoli il diritto universale dei popoli a emigrare.

Nel ghetto mi è capitato tra le mani il volume *De Indis* del 1532, opera magna del domenicano spagnolo Francisco de Vitoria, che concede a chiunque di insediarsi in nuove terre, e non solo. Esso autorizza a fare la guerra contro chiunque si opponga a tale insediamento. Principio che i colonialisti ovviamente sposarono con entusiasmo per sterminare i nativi in Africa e nelle Americhe.

Oggi che il flusso migratorio si è invertito in direzione dell'Europa, quel solenne diritto universale è diventato un crimine. E Francisco de Vitoria, citato per secoli nelle opere di diritto marittimo, è caduto nel dimenticatoio. Una bella coerenza.

Marketing

Ho provato a chiedere a uno dei "patrioti muscolari" cosa vuol dire essere patriota.

Mi hanno risposto: essere contro l'islam, il Cremlino, l'America.

Ho capito che, se gli togli il nemico, quei patrioti lì vanno in apnea.

L'Italia, di nemici, ne ha collezionati in modo maniacale. L'austriaco, lo slavo, l'inglese, l'ebreo, il comunista, il russo, il "negro", il migrante. E non sono tutti.

Meglio non chiedere a quel tipo di patriota: "Chi sei, da dove vieni, chi sono i tuoi antenati e qual è il destino della tua terra".

Queste cose non le sa o le rimuove. Non sputerebbe mai in una provetta per il test del DNA per paura di trovarvi tracce di Africa o Asia.

Un secolo fa, la patria, per il figlio delle nazioni, era una donnona androgina e marmorea, come la vedi in tanti sacrari dalle Alpi alle Fiandre. Oggi no: il patriota si costruisce miti sui libri di fantasy; resta incollato al parere degli influencer. Crede di essere nazione e invece è etero-diretto, non uomo libero, ma inconsapevole cinghia di trasmissione dei predatori delle risorse.

Per me la patria è un profumo dolce che mi riempie le narici e i polmoni appena vedo i miei monti. Per lui temo sia solo un marchio che non contiene nulla; marketing elettorale, una caricatura che ci porta dritti alla guerra ed espone tutti al rischio che l'idea di nazione si riduca a puro contrassegno militare.

Non potrò mai dimenticare quando, durante il conflitto in Bosnia, un serbo armato fino ai denti mi disse: "Finalmente ho capito chi sono". Era un bestione gonfio di muscoli e tatuaggi, ma la sua era una clamorosa ammissione di debolezza.

Dio non voglia che, per capire chi sono, gli europei debbano tornare a massacrarsi.

I sondaggi

In paese conoscono la luce accesa della mia finestra anche a ore impossibili. Devono pensare che non dormo mai.

Sono quasi le quattro, e oggi per me le quattro sono l'ora della rabbia. Rabbia figlia della stanchezza, per un nero salmodiare che non riesce a elevarsi e a diventare preghiera.

Nausea di visioni bibliche, di orizzonti incendiari da Armageddon.

E allora, proprio a quell'ora antelucana, il corpo reagisce.

Sente una fame improvvisa, da dopo teatro, da scaricatore portuale, da tassista che si sveglia per il turno di notte.

Scaldo l'acqua, soffriggo in padella uno spicchio d'aglio e metto in cantiere una spaghettata solitaria. Che la dieta sana vada a quel paese e, con la dieta, vadano a farsi benedire anche le medicine schierate sul ripiano della cucina. Quelle sfacciate, che osano ricordarmi l'età.

Addento gli spaghettoni, con un occhio sulle ultime notizie dalla Germania, e mi torna in mente di quando incontrai quasi per caso Helmut Kohl, dieci anni prima della morte.

Un grande.

Gli chiesi a bruciapelo come diavolo avesse fatto a convincere i tedeschi a rinunciare al Deutschmark, la moneta più forte dopo il dollaro, per passare all'euro.

A Berlino lo chiamavano "der Dicke", gli ingrati. Il grassone, come se la massa corporea fosse l'unica cosa rimasta all'uomo che aveva unito le Germanie.

Ma il vecchio Helmut non era rimbecillito affatto.

Rispose: "Semplice, ho ignorato i sondaggi. Sapevo che la maggioranza dei miei connazionali era contraria, ma ho forzato la mano".

"Con quale convinzione?" domandai.

"Non volevo che i giovani dovessero soffrire quello

che avevano sofferto mio padre e mio nonno, a causa delle guerre."

Conoscevo l'adagio: politico è chi pensa all'oggi, statista colui che pensa al domani.

Quel giorno "der Dicke" mi parlò da statista europeo.

Le quattro

Fin de règne

Il pasto notturno mi ha dato energia.

Assaggio un bicchiere di Piedirosso irpino che sa di ciliegia, pepe nero e mandorla. E forse anche di cenere.

Il bosco si agita, sente l'arrivo della Bora, ed è come se il vento e il vino stessero confluendo in un'unica corrente, che obbliga anche il pensiero a cambiare passo.

E magari quella corrente non è altro che un mio doppio, un altro me stesso che mi osserva dalla finestra e cerca di dirmi qualcosa.

Forse ride di me, perché mi sono lasciato contaminare dal pessimismo, da un'arietta fatalista che spinge a elucubrare e allontana dall'azione.

Il vino e il vento mi esortano a reagire, a raschiare le ultime, sane riserve di rabbia dal fondo della mia carcassa perché possa, con gioia feroce, intingervi la penna.

Meno male che abbiamo Ursula al comando, ghigna la Bora alla finestra. E mi ricorda che l'Europa dei popoli, il parlamento di Strasburgo, non ne può più di quella donna, che a Bruxelles "incarna ormai un'Europa opportunista e cangiante", capace di passare "dalla lotta contro i nazionalismi al tentativo di assorbirli nel sistema".

C'è Frankenstein, nel palazzo Berlaymont, dicono a Bruxelles.

La Commissione, da strumento di consenso democratico, è diventata un bunker dove governa la cieca obbedienza.

I lobbisti hanno importato al vertice dell'Unione una brutalità che sorvola sul diritto internazionale, i princìpi amministrativi e i trattati internazionali.

Sono le quattro e tutto appare improvvisamente chiaro. Scrivo come sotto dettatura.

Ma chi è questa Ursula, così legata alle corporazioni agroindustriali già gonfie di contributi Ue, che comincia il suo mandato con l'esaltazione del Green Deal e finisce con la sua demolizione, e non sembra molto sensibile ai dubbi dei produttori del biologico?

Enigmatica Ursula, che incontra a porte chiuse i produttori di pesticidi; che ascolta sempre meno i lavoratori e sempre più i grandi imprenditori, come se le loro lobby non avessero già un potere enorme a Bruxelles.

Ursula, che non favorisce il rilancio dell'Antitrust, congelato durante l'ultima pandemia: che si rifiuta di mostrare ai giudici della procura di Liegi le sue conversazioni via sms con la società farmaceutica Pfizer sulla scelta dei vaccini; che impara da Berlusconi a usare il potere in un certo modo e che infatti, quando Silvio muore, consente le bandiere a mezz'asta davanti al palazzo Berlaymont della Commissione europea.

Il tutto, dicono ancora a Strasburgo, "in un clima da 'fin de règne' in cui si distribuiscono prebende a destra e a manca, in un favoritismo sfacciato, purché funzionale alla sua rielezione".

Ed ecco von der Leyen annunciare, per scelta personale, che l'Ue romperà con la Cina. Eccola compiere a Tel Aviv una visita squilibrata al punto da sconfessare implicitamente i tentativi di mediazione del suo ministro degli Esteri nella guerra di Gaza.

A Bruxelles la chiamano "la presidente americana", e non importa se gli Stati Uniti non sono più quelli dello sbarco in Normandia, perché esportano più caos che democrazia, e poi di quel caos lasciano a noi le conseguenze. Profughi, inflazione e quel che ne deriva.

Algida Ursula, non amata nemmeno dai tedeschi, che ha nome sdrucciolo come Angela, ma ad Angela non somiglia per niente

che non mostra emozione davanti alla pulizia etnica degli Armeni, cacciati dal Nagorno-Karabakh dall'esercito dell'Azerbaigian (Paese produttore di petrolio, al contrario dell'Armenia) con l'appoggio dichiarato della Turchia

e che, quando settecento migranti naufragano al largo del Peloponneso, twitta un bel "mi dispiace" o qualcosa di simile, per poi benedire la stretta sui respingimenti e sul diritto all'asilo, tra gli applausi delle destre.

In questa Unione invertebrata, ridotta a merce di scambio elettorale, forte con i deboli e arrendevole con i potenti, non sarà certo lei a porre un freno politico e morale alle tendenze centrifughe delle nazioni che, compreso il tanto europeista Macron, stanno sempre più svuotando l'Ue dall'interno.

Il tailleur

Una sfinge di ghiaccio.

L'ho incontrata in un teatro di Roma, alla commemorazione di David Sassoli, ex presidente del parlamento europeo, morto un anno prima.

Il caro David, che credeva nell'Europa e insisteva a dirmi che la libertà si difende ogni giorno e che "non può esserci nessun Next Generation Plan se prima non c'è uno European Dream". Che chiedeva "più politica e meno tecnocrazia" e seppe aprire il parlamento anche ai poveri cristi.

Quando Ursula entrò nella sala, la temperatura si abbassò di qualche grado.

Parlai dal podio dopo Romano Prodi, suo predecessore. Dissi che l'Europa aveva bisogno di un sogno, ma il sogno era morto.

Lei stava seduta alla mia sinistra; la tenevo d'occhio per studiarne le reazioni. Era ferma, composta, inespressiva.

A proposito della guerra in Ucraina, domandai al pubblico se l'Europa poteva permettersi di esistere senza la Russia.

Non fece una piega.

Spiegai che non potevamo allargarci a est senza chiedere ai nuovi entrati il rispetto dei diritti e delle minoranze, perché da quelle parti c'erano razzismo e antisemitismo.

Nessun commento.

Dissi che dovevamo mettere "più Europa nel nostro atlantismo".

Non mutò espressione neanche allora.

D'istinto, quella bionda cotonata col tailleur, così democristiana nell'aspetto, mi parve più pericolosa dei destri più trinariciuti.

Mi sfiorò il pensiero che avrebbe svenduto l'Europa dei padri fondatori, pur di aumentare il suo potere.

E quando, quello stesso giorno, la vidi andarsene sorridente a braccetto con Giorgia Meloni, eletta da poco presidente del Consiglio, ne ebbi la conferma.

Poco dopo si portò dietro nel Mediterraneo la Lupa romana postfascista e, pur di avere il suo voto, accettò che l'Italia frenasse l'approvazione del Patto di stabilità.

Sembrava che Ursula avesse bisogno di Giorgia, non il contrario. Forse, osai pensare, si preparava una melonizzazione dell'Europa.

Avevo ragione. Nel giro di qualche mese, da Bruxelles è arrivato il via libera al peggio. Pesticidi, gasolio, riarmo, sospensione del Trattato di Schengen e ritorno delle frontiere.

Giorgia Meloni non la frega nessuno. È una leader nata, c'è poco da discutere.

La vedo, in mezzo ai suoi lupacchiotti al governo, che hanno fame, una fame tremenda

per troppo tempo hanno digiunato

ed ecco la Lupa romana che li allatta, talvolta emana un mitico alone virgiliano

loro le tirano i capezzoli, impazienti

e lei dà loro in pasto ministeri, presidenze, poi lo Stato

inizialmente un pezzo alla volta, solo per sondare l'avversario

ma poiché l'avversario strepita senza far nulla, paralizzato come nel 1922, nei giorni della marcia su Roma, allora dilaga, offre in regalo ai Figli della Lupa scuole, ospedali, ferrovie.

Non è marcia su Roma, oh no, è solo una "rivoluzione conservatrice".

La tv è invasa, diventa un kombinat di stato Ddr

le notizie viaggiano ancora in Trabant, ma chi se ne frega

non credano i miei amici francesi che sia tanto diverso dal 1940, quando i lupi sono entrati a Parigi come nel pezzo cantato da Serge Reggiani, e "*personne n'osait plus le soir / affronter la neige des boulevards*"

no, non è diverso, come nella canzone loro si prendono i ministeri, e dopo i ministeri i musei perché i musei hanno troppi stranieri al comando, non importa se competenti

e dopo i musei si mangiano i parchi naturali, perché la Terra è solo un ostacolo al fare, e Greta una radical chic.

E la Lupa regala a parenti e amici spazi di comando, grazie a un turn over giocato su un maccartismo fatto in casa.

Ammalia con un linguaggio leggero, che parla alla pancia ma evita il cervello

dunque, via subito gli ultimi intellettuali rompicoglioni che spingono a pensare

non è più tempo di pensare, conta solo l'azione per l'azione

viva la tradizione, dicono, viva l'obbedienza ai grandi patriarchi

e fa niente se padre Dante ha messo i papi all'inferno e ha avuto per maestro un omosessuale, o se Voltaire ha mandato i preti a quel paese.

Vanno avanti, un passo dopo l'altro, scoprono che nessuno si oppone, per loro è un'occasione unica

vanno tranquilli, sono certi che l'Italia non si indigna più

e allora riempiono anche gli ultimi vuoti di potere, chiamano al banchetto quelli ancora più affamati di loro

e la papessa impartisce a tutti l'assoluzione plenaria
perché il male è sempre cosa d'altri
specialmente dei poveri che vengono da Altrove.

La destra italiana ha imparato meglio di ogni altra a essere "dentro" parlando col linguaggio di chi è "fuori". Essere al potere, ma inveire contro il potere.

Chiamare "pizzo", cioè tangente, le tasse che essa stessa impone. Delegittimare le istituzioni facendone parte.

Una spudorata capriola mentale possibile solo dando per scontato che il popolo sia bue o attribuendo tutte le colpe a un potere ancora più grande.

Ed ecco l'Unione federale, capro espiatorio ideale.

Attaccare l'Europa, dunque, e nello stesso tempo dar voce a vittimismi e piagnistei senza risolvere nulla. Un doppio trucco elettorale che fa ormai scuola, grazie al sovranismo made in Italy.

Con le destre tedesche il governo di Roma è di nuovo complementare, come nel 1938. Germania e Italia: due facce del vecchio che torna, un Giano bifronte con da una parte il lupo e dall'altra il lupo travestito da pecora. Il postfascismo del Nord e quello mediterraneo.

Una complementarietà anche estetica. Il mascalzone latino, belloccio e strafottente, si affianca al biondo efficiente, gelido e un po' misogino. Nel femminile, la donna procace del Sud fa da contrappunto a quella manageriale e androgina in pantaloni.

Ma quasi tutte le destre europee hanno imparato la lezione italiana, vedi quanto accaduto con la protesta ruggente degli agricoltori, cavalcata contro Bruxelles dai sovranisti di venti Paesi come se da vent'anni la

Commissione agricoltura non fosse saldamente in mano a quella parte politica.

Nei fatti è una destra che marcia contro sé stessa. Ma in pochi lo fanno notare, e il trucco funziona.

E infatti Bruxelles cede subito alla sceneggiata dei trattori e, già che c'è, smantella i capisaldi del suo Green Deal. Distrugge i piani per ridurre della metà l'uso dei pesticidi, blocca il cammino verso pratiche agricole più verdi, la messa al bando delle sostanze chimiche tossiche, il contenimento delle emissioni di bestiame e la rinaturalizzazione del venti per cento delle terre e dei mari europei.

Vittoria a tutto campo dei Signori delle Lamentele.

A quel punto i sovranisti proclamano al mondo di aver salvato gli agricoltori dalle pretese delle sinistre, senza dire che ciò che li strangola non sono affatto i vincoli dell'Unione – che, anzi, li ha inondati di miliardi – ma i grossisti ammanigliati con la commissione presieduta dalla destra di cui sopra.

L'imbroglio perfetto.

Il gineceo

E poi c'è un fascismo eterno che dorme in noi. In tutti noi.

Un istinto che cova necrofilia, legge Tolkien, ha il culto della sconfitta e sa che la memoria dei vinti è più tenace di quella dei vincitori.

Un fascismo che santifica Geronimo e gli Apache dopo averli sterminati

che odia i neri per invidia e così esibisce cazzuti manganelli

che trasferisce sul sesso la volontà di dominio ed è potenzialmente femminicida

che non potrà mai ammettere che Europa è una donna venuta dal mare

che ha l'ossessione dei gay e paura di diventare gay, e mi fa tanto pensare al film *The Blues Brothers*, quando, precipitando da un viadotto, l'autista confessa al suo capo nazista: "Ti ho sempre amato".

E allora ecco la grande pensata italiana: il maschilismo sdoganato da una donna. L'idea di una Grande Madre che la garantisca la sua prole ribelle. Una madre che ti prenda a ceffoni, ma copra le cazzate dei figli più scemi perché "ogni scarrafone maschio è bell'a mamma soja".

Ideale foto di gruppo: la bionda Giorgia, amicona di Ursula bionda cotonata, che sorride accanto alla bionda Marion Maréchal della superdestra francese di Reconquête e all'altra bionda del Rassemblement National, Marine Le Pen.

Filorusse e filoamericane assieme: una cosa ingestibile, da pazzi. Ma il rimedio è l'amalgama machista. È questo che conta.

Il machismo è sempre stato legittimato dalle madri.

Il gineceo maschilista esiste da sempre. Gli uomini mostrano i muscoli fuori. Le femmine comandano dentro.

L'orticello

Scrivo a Hans che nella destra italiana "c'è un abisso scandaloso tra il dire e il fare", e gli allego una serie di annotazioni a caldo.

Si dichiarano cristiani, ma al confine respingerebbero anche Gesù.

Pontificano di romanità, ma non sanno il latino e ignorano che Roma ebbe imperatori africani, arabi, spagnoli, balcanici.

Blaterano di Mediterraneo, ma guardano all'Atlantico e scimmiottano l'inglese.

Parlano a nome del popolo, ma gli sottraggono i diritti fondamentali, persino quello di ammalarsi e manifestare.

Esaltano la nazione, ma governano un formicaio di egoismi, l'Italietta maggioritaria di quelli che si trincerano nell'orticello.

Non parlano che di famiglia, ma aboliscono i consultori familiari e scivolano verso il familismo.

Come Caligola, farebbero senatore anche un cavallo, pur di imporre il loro potere.

Ti asfissiano col tormentone della sicurezza, e contemporaneamente spingono sui centri commerciali a scapito dei piccoli negozi e della rete di controllo sociale.

Ma è ovunque, in Europa, che la destra produce l'insicurezza su cui poi specula elettoralmente. È il suo vantaggio. Genera le tossine che la alimentano.

Il suo messaggio non richiede coerenza di pensiero. Si limita a riempire gli spazi vuoti altrui.

Puro tatticismo, come Mussolini negli anni venti dell'altro secolo.

I bacchettoni

È il momento più freddo della notte, vado nella stalla a prendere un po' di legna buona, carpino e faggio. Ora il fuoco si è rinvigorito, crepita. La notte intera ride di me e delle mie illusioni, si sganascia, fa di tutto per amplificare la mia rabbia.

Mi siedo accanto alla stufa e decido di cancellare il messaggio per Hans.

Mi chiedo perché spendere fiato per criticare le destre; perché dire che "quelli là" sono dei Capitan Fracassa che sparano in aria (e talvolta anche più in basso) alle feste tra amici, bloccano treni per scendere dove vogliono o vanno al cinema travestiti da soldati del Reich. Uno sfogo sterile.

Che valore politico ha far notare che gli uomini neri hanno il culto del martirio come i loro peggiori avversari, gli iraniani sciiti che si flagellano a sangue o i detestati balcanici che piangono ancora per battaglie perse secoli fa?

Non ha nessun senso perdere tempo a prendere per i fondelli Forza Nuova che inneggia all'italianità sfilando al suono di musica germanica, senza avvertire contraddizione.

La destra estrema fa semplicemente il suo lavoro. Riempie un vuoto lasciato da altri. Si appropria con intelligenza di parole rinnegate dalla sinistra e, in certi casi, esprime addirittura una selvaggia, infantile innocenza.

Ha persino ragione su alcune cose, come sull'eccesso di garantismo dei Paesi del Nord o sulla degenerazione di molte cooperative di accoglienza dei Paesi mediterranei, che si ammantano di umanitarismo ma subappaltano tutto, talvolta d'accordo con le mafie, e finiscono per creare serre ben riscaldate di spaccio e lavoro nero.

La mia rabbia non è contro di loro, è contro il torpore dei vertici delle cosiddette sinistre.

Che me ne faccio, mi viene da urlare, dei vostri moralismi bacchettoni, se nulla è etico in voi?

A che servono le vostre marce femministe contro il patriarcato se non capite che il mostro è il mercato, la mercificazione di tutto, donna compresa?

È voi che dovrei bersagliare con un fuoco di fila di domande. Chiedervi perché vi accendete sulle questioni di genere e non vedete che il problema è infinitamente più vasto e più grave; perché non rifondate il meccanismo dell'accoglienza, prima che imploda; perché state a guardare senza reagire la dissoluzione del progetto federalista.

Ma soprattutto vorrei chiedervi: cosa avete fatto per costruire un patriottismo europeo capace di tenere a bada il ritorno delle nazioni?

Quelli di destra sanno cosa vogliono e lo dicono apertamente.

Le sinistre no, non sanno cosa vogliono.

Non parlano più alle periferie, alle campagne, nelle sale d'aspetto, nei treni. Non frequentano birrerie come il pittore fallito di nome Adolf.

Spesso non distinguono fra patriottismo di centrodestra e razzismo della destra estrema, e così favoriscono una letale saldatura fra i due blocchi.

Il fascismo – vorrei dire loro – è figlio del vostro abbandono dei luoghi senza voce, della vostra puzza sotto il naso; della supponenza di voi politici algidi, pavidi, privi di passione e prigionieri del politicamente corretto.

Un mondo di chierici con baffetti da sparviero e il sorriso beffardo di Voltaire che hanno ridotto la Resistenza a museo e abdicato a ogni internazionalismo proprio nel momento in cui tutto, mafia compresa, diventava internazionale.

Una congrega di saputelli che ti guardano con commiserazione se non ti piace Wim Wenders.

Una sinistra curiale, piena di cardinali impegnati a sbranarsi tra loro.

Era così già cinquant'anni fa, mi avvertiva il mio professore di Storia moderna, Salvatore Francesco Romano, uscito dal Partito comunista dopo la repressione in Ungheria del 1956.

Figurarsi oggi, che la sinistra, in assenza di un suo

papa, divinizza il Pil e ripiega sulle ricette dei grandi chef.

Un partito che rinnega le radici, nasconde la bandiera, si attacca allo share, cammina rasente i muri ed esprime un pensiero che evapora in un attimo

una sinistra ingrata e indifferente ai puri che hanno combattuto per i suoi ideali

una sinistra so-tutto-io, depositaria della verità rivelata, che proclama alti princìpi umanitari e poi non vorrebbe mai un profugo in casa.

I sinistri sono spesso antipatici. Non so perché. Come esistono i "tipi di destra", così sembra che esista un'antropologia della sinistra.

Ed ecco, in questo vuoto, il nuovo fascismo prolificare nelle periferie metropolitane snobbate, dove i poveri vedono arrivare altri poveri, e poi le mafie, la droga e la violenza.

E poi ancora i cinesi "che comprano tutto", e il rancore che dilaga contro gli islamici rancorosi, e le antiche radici che marciscono.

Avessero le sinistre europee, penso, uno come Yanis Varoufakis, che parla chiaro, spiega che il capitalismo è mutato e ha ucciso il mondo reale della produzione per rintanarsi in una nube, da dove arriva a noi bypassando i mercati tradizionali, distruggendo la nostra privacy e determinando i nostri comportamenti attraverso l'etere o una ragnatela di fibre ottiche lunghe milioni di chilometri.

È un sistema che si arricchisce a velocità fino a ieri impensabili, e contemporaneamente sparge germi micidiali. È tossico e stupido, un virus che uccide il suo ospite.

E allora ecco la deflazione, i fascismi che tornano, la regia di personaggi sinistri come Steve Bannon. Ecco l'Europa sotto attacco che, anziché fare riforme radicali, impone su dettatura ricette di austerity ai più poveri.

Due fantasmi

Il vento cala di intensità, la foresta si quieta. È stata solo una buriana passeggera. Ma è bastata a pulire la mente.

Comincio a mettere in bella gli appunti di questa storia. Scrivo velocemente. È da qualche anno che sento di dover fare in fretta. La rapidità con cui si stratificano le mie agende annuali mi obbliga a fare i conti col tempo che mi resta e a lavorare più sodo. Scrivere – l'ho imparato – è anche un trucco per vivere più intensamente, vuotare il sacco e abbassare il livello dell'ansia.

"Lascia passare il vento tra le righe," raccomanda la giovane siriana di nome Europa nel mio libro sul mito fondativo del Continente. Stavolta il vento tuona, sconvolge le parole, fa tremare le righe. Mi obbliga ad aggrapparmi a frasi solide e brevi.

Comincio a vedere più chiaro. A trovare appigli fermi nella tempesta degli eventi e a collegare tra loro fatti trascurati dalle cronache.

All'ultima Fiera del libro di Francoforte ho scoperto, quasi per caso, che Erasmo da Rotterdam, il grande intellettuale europeo del sedicesimo secolo, era diventato l'eroe delle destre antieuropeiste.

Un colpo con destrezza, messo a segno senza che i nostri illustri intellettuali se ne rendessero conto.

Quel giorno negli stand della Buchmesse c'erano sessantamila persone e, lottando con la folla, ero andato a sentire la presentazione di un libro, tradotto in tedesco, della storica fiorentina Lucia Felici. Tema: l'Europa di Erasmo. Il titolo, *Senza frontiere*, non sembrava promettere sorprese.

E invece, che storia!

Si sa che l'autore dell'*Elogio della follia*, libro messo all'indice dai papi, sale tutta la scala sociale e diventa ricchissimo.

Poco si sa invece che quest'uomo immenso, figlio illegittimo di un prete, ha lasciato molte delle sue ricchezze a una fondazione col suo nome. Scopo: aiutare i bisognosi, e in particolare i perseguitati dalle guerre di religione che devastano il Continente.

Il messaggio è: soccorrere tutti, senza distinzione di fede o appartenenza. L'obiettivo è fare formazione, che in tedesco si dice "Bildung", costruzione dell'uomo. Un grande manifesto europeo, carico della forza trascinante dell'utopia.

Quando la professoressa Felici accede a Basilea agli archivi della fondazione, che nel frattempo ha cessato di operare, scopre che quelle vecchie carte ignorate da tanto tempo contengono storie affascinanti e spaventosamente attuali.

Ma scopre anche, con stupore, che da qualche anno la creatura del grande olandese è rinata altrove, su iniziativa di Alternative für Deutschland.

Come dire che l'uomo simbolo dell'unità continentale, cui è intitolata la rete di scambi tra gli studenti dell'Unione, oggi è diventato la bandiera del ritorno delle nazioni e di una supremazia delle lingue germaniche in Europa.

C'è il fantasma di un falso Erasmo che si aggira tra noi, ma se ne accorgono in pochi. E quei pochi ancora non sanno che quel fantasma ha già pugnalato l'Erasmo autentico e la sua memoria.

La fiaccola

Com'è facile rubare emblemi e parole alle sinistre. Succede da un secolo almeno.

La storia comincia con il termine "socialismo", indebolito dalla scissione dei comunisti nel 1921, che attraverso l'ex socialista Mussolini emigra in Germania, dove viene fatto suo dal fatale imbianchino. Il quale, per acquistare consenso operaio, conia il nome "nazionalsocialismo" e, prima di passare alla svastica, arringa il popolo sventolando una bandiera rossa, con un disco bianco.

Un rapimento ancora più sfacciato è quello della fiaccola, simbolo della più grande organizzazione giovanile partigiana in Italia, il Fronte della gioventù per l'indipendenza nazionale e per la libertà, fondato a Milano nel gennaio del 1944 da rappresentanti socialisti, comunisti e democristiani, uniti nella lotta di liberazione.

La bandiera del Fronte è un disco che racchiude una fiaccola al vento impugnata da una mano che si protende verso sinistra. Ebbene, dopo meno di trent'anni, nasce sempre in Italia un'organizzazione giovanile fascista, nota per le sue manesche incursioni, che in un colpo solo ruba il nome e anche il vessillo dei giovani partigiani. Unica differenza: la fiamma si colora di bianco rosso e verde, la bandiera italiana.

Puro ribaltamento.

Muri sinistri

È ora di imparare la lezione e fare la manovra inversa. Appropriarsi dei loro simboli.

Conosco un uomo libero che lo ha fatto, con un'autentica operazione partigiana di rappresaglia. Mario si chiama, suona splendidamente il violoncello e si è comprato una Casa del Fascio in Veneto per riempirla di iniziative culturali.

Non so se quei muri sinistri hanno sofferto per l'invasione del nemico oppure hanno tirato un sospiro di sollievo. So solo che entrambe le cose mi procurano una soddisfazione quasi indecente.

In Alta Baviera accade qualcosa di simile nel castello di Aspenstein, sul Lago Kochel, che fu di proprietà di Baldur von Schirach, capo carismatico della Hitler-Jugend, la gioventù scoutista al tempo del nazismo.

Sedotto dal Führer, il conte von Schirach seduceva a sua volta i ragazzini ripetendo "voi siete il popolo che verrà" e organizzava per loro enormi campi estivi ai piedi del Rauchberg, con vista sulle nevi alpine. È da settantasei anni che i socialisti bavaresi organizzano ad Aspenstein i loro corsi di formazione.

Certi luoghi vanno bonificati, perché gli spiriti maligni non tornino. E poiché i fascismi – se è vero che hanno bruciato milioni di libri – sono terrorizzati dalle parole, è con le parole che va compiuto il cerimoniale di esorcismo per liberare dall'incantesimo le loro tane. Il vento di parole portatrici di luce e libertà.

Il male si insinua con le parole, ed è con la parola che lo si combatte.

Bene-dire, rendere grazie. Se "in principio era il Verbo", significa che nulla è più forte della parola pronunciata.

I carolingi

"*Charlemagne, Charlemagne / Qui a eu cette idée folle / d'inventer l'école? / Sacré Charlemagne, sacré Charlemagne.*"

Se perfino la Francia non ne può più di questo barbaro guerriero e gli dedica derisorie cantilene, mi chiedo perché l'Unione europea non ne abbia abbastanza di re Carlo e non lo lasci ammuffire in un sottoscala del palazzo di Bruxelles.

Se non lo fa, credo, è perché sconta un limite di nascita: l'identità carolingia dell'Unione, quella dei tempi del primo riavvicinamento del dopoguerra tra la Germania e Parigi. Da allora, nonostante l'allargamento dell'Ue, non è riuscita a schiodarsi dal Reno.

Non ha trovato altri simboli. Forse, per i simboli, la politica europea ha un'oscura repulsione, se è vero che non sa valorizzare, e forse neanche leggere, il suo mito fondativo, quello della principessa rapita dal toro, che a me sembra così colmo di significati sempre attuali.

Carlomagno non dice niente né ai polacchi né ai greci. È uno che non distingue tra Chiesa e Stato, ignora il mondo classico e non ha idea del cristianesimo orientale, che pure è il vero erede dell'impero di Costantino, del quale lui si dichiara successore. In più è un pragmatico guerrafondaio, che ama risolvere le vertenze con la spada.

Così, l'Europa si lascia scappare miti assai più adatti a rappresentarne lo spirito. Federico II di Svevia per esempio, l'imperatore che riconquistò Gerusalemme senza versare una goccia di sangue, il monarca illuminato dalla corte itinerante, che aveva al seguito anche consiglieri arabi, greci ed ebrei.

Federico, il migliore dei re d'Italia, il tedesco che mise in riga i feudatari, unì il Nord e il Sud del Continente e separò lo Stato dalla Chiesa. "Più leggo di lui, e più mi accorgo che rappresenta il vertice dei valori oggi più dimenticati," ho sentito dire da Lucia, colta e appassionata guida turistica pugliese.

Ma allora, sugli euro in cartamoneta, anziché mettere anonimi ponti o edifici, perché non raffigurare Petrarca, Tucidide, Voltaire, Tesla, Bach, Copernico, Liszt? O Alfonso X il Savio, che nella scuola per traduttori di Toledo mise in comunicazione l'arabo e l'ebraico col greco, il latino e lo spagnolo? O quella di Antonello da Messina, che girò tutta Europa e fuse Nord e Sud nella sua pittura?

La lampada

La luna è tramontata.

Basterebbe una candela a un davanzale per rischiararla. Basterebbe un barlume di fede, il mormorio di preghiera di un eremita a salvare questa umanità in preda alla paranoia.

Uomini che non aspettano che sia dio a salvarci, ma che tentano di salvare dio dalla nostra barbarie.

Punti luce, che il buio rende ancora più luminosi.

Ricordo un pomeriggio a Parigi. Me ne andavo a piedi dalla Rive Gauche alla Rive Droite passando per la Passerelle Debilly. Dovevo raggiungere l'Avenue d'Eylau aggirando il Trocadéro troppo pieno di turisti e strada facendo, alla base di una scalinata, incrociai una viuzza solitaria.

Poiché sono avido di topografia, ne cercai il nome e, quando lessi "Rue Fresnel", il mio cuore triestino sussultò. Tutti gli uomini di mare conoscono Augustin-Jean Fresnel, l'inventore della lente che proietta a distanza la spada di luce dei fari. Come dire, colui che ha portato la luce nella notte dei mari e reso più sicura la navigazione dopo secoli di naufragi.

Nel libro di Jules Michelet intitolato *La Mer*, si dice che la Francia, dotata da Fresnel di un raggio che moltiplicava quattromila volte la luce di una lampada, si era data "una cintura di fiamme capaci di penetrare il buio per dodici leghe", e che poi il mondo intero ne aveva seguito l'esempio, illuminando gli oceani.

Conoscevo quel geniale prisma di cristallo. Avevo passato notti in sua compagnia in un faro solitario del Mediterraneo, scoprendo che la fonte di una simile luce era una lampadina di pochi watt, non più forte di quella sul mio comodino. Nel buio, avevo udito il dialogo solitario di quel lume con le stelle, sentendomi un nulla e al tempo stesso al centro dell'universo.

Come mai, mi chiesi, a un uomo così grande era stata dedicata una via così trascurabile, e certamente sconosciuta alla maggioranza dei parigini? Colui che aveva illuminato le notti della Terra non faceva anch'egli parte della grandeur della Francia?

In un moto di rabbia pensai alla quantità enorme di toponomastica intitolata a generali e battaglie in quella città. Avenue Foch, Rue du Maréchal Leclerc, con le vie dei generali napoleonici, Berthier, Lannes, Jourdan e infiniti altri.

C'erano le battaglie vinte: Wagram, Austerlitz, Eylau. E lo Champ-de-Mars, la Place des Invalides, i ponti di Bir-Hakeim, dell'Alma, di Alessandro III di Russia. Non mancavano le nostalgie coloniali: boulevard d'Indochine, place de Mexico. Era come se la Francia intera risuonasse di fanfare e tamburi.

E lì, mentre il sole cominciava a indorare le incastellature di ferro della Tour Eiffel, Parigi mi disse che non solo la Francia, ma anche le nazioni europee erano prigioniere di un passato militare che metteva in ombra i portatori di luce.

Le cinque

Alberi

C'è un albero in fondo al sentiero, che mi aspetta sempre.

È un acero di bellezza rara. Quando lo avvicini, ti viene da camminare in punta dei piedi e levarti il cappello.

Per me è sacro, forse è l'albero della vita.

Ci sono silenzi in cui par di sentire le sue radici pazienti sprofondare e i suoi rami protendersi, come accade all'albero raffigurato in mosaico sul pavimento della Cattedrale di Otranto. Di frontiera anche quello, unisce Oriente e Occidente, Gerusalemme e l'Europa.

Ci sono momenti in cui lo sento crescere, elevarsi fino alle stelle.

Marzo. Potenza di germogli che spingono dappertutto, nelle praterie, nel bosco, attorno agli stagni, negli orti.

Certe volte, per riconoscenza alla natura, mi viene voglia di baciare ogni pezzo di legno che infilo nella stufa.

Mi mancano i nipotini, mi manca raccontare una bella fiaba per rompere il nefasto incantesimo di questa notte. Poter dire loro che l'Europa è un giardino meraviglioso, che fa gola a tutti, ed è ancora più bello ritornarci dopo essere stati lontano.

Se fossero qui, li farei addormentare raccontando le frontiere superate e il navigare di isola in isola. Direi loro di Jean-Auguste, l'uomo che ha inventato la lampada magica dei fari. Li farei volare sopra oceani, fiumi, pianure e montagne, e parlerei degli orchi che minacciano la loro terra.

Direi di Annibale che passa le Alpi piene di neve portandosi dietro degli elefanti, di Bach che fa quattrocento chilometri a piedi solo per ascoltare un grande organista a Lubecca, e di come gli antichi Romani superano il fiume Reno con un ponte che lascia increduli i barbari.

E ancora l'arcipelago greco, il tempio del dio della medicina sull'isola dei grandi terapeuti, dove si celebra la salute del corpo perché si sa che se i corpi sono sani, anche la società lo è. E poi le vele, il vento, il biancore dei templi sull'azzurro del mare.

La balaustra

Apro la carta del mondo – quella d'Europa non basta più – e tutto appare più chiaro. È la visione del Grande Gioco, qualcosa che ti spinge come su una balaustra malferma, scossa da venti gelidi.

La mente collega segnali apparentemente slegati e li fa interagire. Anni di appunti e tormenti confluiscono su quella mappa. Mostrano che l'indicibile può diventare realtà. È il ritorno di Orwell.

Butto giù su un quaderno un dialogo immaginario fra il presidente americano Joe Biden e la sua grande alleata d'oltreoceano, Giorgia Meloni. Dialogo forzatamente immaginario, perché l'italiana ha cancellato la prevista conferenza stampa a fine colloquio.

Siamo a Washington. Lui e lei passeggiano nei giardini della Casa Bianca con a fianco gli interpreti e, dietro, due tesi consiglieri diplomatici.

"Honey," dice lui, "qui tutto cambia, per noi l'Europa non è più una priorità, do you understand? Voglio essere franco con te. La guerra che conta è quella per le risorse mondiali. Petrolio, nickel, diamanti, minerali per i semiconduttori. Roba che oggi si concentra in due quadranti: Oceano Pacifico e Mare Artico. La nostra industria preme. ExxonMobil, Rockwell Automation, Lockheed Martin. Dobbiamo impedire alla Russia e alla Cina di arrivare prima di noi."

Lui è malfermo sulle gambe, eppure gesticola vivacemente. Non si accorge di avere scoperto un po' troppo il gioco. Il suo consigliere diplomatico ascolta ed è inquieto.

Lei non mostra emozione, ma sta a sentire; e capisce di essere oltre, di sporgersi anche lei su quella ventosa balaustra. Qualcosa che la porta dove non ha mai osato; oltre i morti in mare, oltre gli italiani, oltre i veleni e il clima che impazzisce, oltre la religione e tutti i buoni sentimenti.

"Le Isole Svalbard, Giorgia. Do you know where Svalbard Islands are?" chiede all'improvviso il presidente.

Giorgia annuisce. E intanto cerca di ricordare esattamente dove stia, quel benedetto arcipelago.

"Well, quelle isole lì a nord oggi contano per noi più dell'Europa continentale. Lo scioglimento dei ghiacci ci spalanca un mercato di dimensioni enormi. Anche per questo mi hanno spiegato che per un po' è meglio darci un taglio con la green economy. Almeno fino a quando i giacimenti saranno nostri."

Il presidente si toglie i Ray-Ban scuri, guarda con occhi dolci quella donna minuta e volitiva, poi dice: "Tu sei cruciale per noi, Giorgina. Sei la nostra garanzia in Europa. Della Le Pen non ci fidiamo, vincerà di certo, ma è filorussa e non ci sopporta, non vede l'ora di mollare la Nato a guida americana. Tu sei la sola sovranista al potere che ci è fedele e non ci volterà le spalle".

A quel punto si lascia trascinare da un'onda di affetto filiale e bacia l'italiana sulla testa. Il senso è intuibile. Se farai la tua parte, noi non metteremo il naso nella tua politica interna. Avrai mano libera. E se ci sarà qualche saluto fascista, non ci formalizzeremo.

È un'investitura con carta bianca, e Giorgia sorride come una bambina.

Lungo silenzio. Il presidente vorrebbe dire che lo scioglimento dei ghiacci apre alla Russia un accesso ai mari che non ha mai avuto e offre a Putin risorse strategiche illimitate. Vorrebbe anche dire che se ci arriva Putin, ci arriva anche la Cina, che è l'unico vero avversario degli Stati Uniti nella corsa all'egemonia mondiale, e che per questo gli Stati Uniti, mentre lavorano sull'Artico e nel Pacifico, hanno bisogno di un diversivo in Ucraina.

Ma il consigliere diplomatico si schiarisce la gola. È il segno. E il presidente si limita a dire: "Dobbiamo tenere impegnato quel pazzo in Europa, anche se la pressione americana si allenta. Non possiamo permettere a quel figlio di puttana di arrivare a Kiev, e magari a Berlino".

Giorgia tace e ascolta. L'incontro sta arrivando al dunque.

"Voi europei dovete prendere in mano il vostro destino. Tu darai il segnale, e Ursula si muoverà con te. Ursula è cosa nostra. Noi ci saremo, tranquilla, con i nostri droni e i satelliti di Elon. I servizi segreti degli Stati Uniti lavorano in Ucraina da dieci anni e vi daranno copertura totale. I mezzi non ti mancheranno: la nostra industria militare ha un fatturato dieci volte superiore a quello dei russi."

Alla parola "destino", la piccola italiana sente il cuore che batte forte. Capisce di essere indispensabile alla più grande potenza mondiale, di poter entrare nella Storia, anzi nella leggenda. E allora ricorda gli italiani nella neve sul fronte del Don, la guerra di Mussolini contro il bolscevico. Vorrebbe, chissà, vendicare la sconfitta dell'Armir.

"Naturalmente," prosegue the President dopo essersi rimesso i Ray-Ban, “noi non vediamo di buon occhio un esercito europeo, perché sarebbe un esercito a guida francese, e la Francia non ci ama. Oppure sarebbe a guida tedesca, ma la Germania ci ha dato troppi pensieri in passato perché possiamo ancora fidarci. Contiamo sulla Polonia, sui Paesi Baltici e ovviamente sull’Inghilterra. E soprattutto su di voi. Yes, you can, Georgia.”

Ora la piccola italiana pensa in grande, come sanno fare solo le grandi aziende e gli stati maggiori delle potenze mondiali. Ha capito che si gioca grosso. Nickel, diamanti, gas. Bisogna sostenere Kiev, a tutti i costi. E comunque al fronte ci andranno gli ucraini, mica gli europei. Certamente non ci andranno i suoi lupacchiotti, troppo intenti a godersi il potere. Quindi avanti, anche se la guerra dovesse durare a lungo. L’importante è sfinire la Russia.

“It’s much better,” conclude il presidente, dopo aver raccolto una solitaria margherita nel prato inglese per offrirla alla piccola italiana, “che tu faccia il business con noi, finché...” qui fa una pausa a effetto, “...till Nato still exists”, finché la Nato esiste ancora, “perché se quel demente di Trump dovesse tornare alla Casa Bianca sarebbe peggio. Lui sarebbe capace di mollarvi senza preavviso. E allora Putin farebbe davvero ciò che vuole. That’s it, my dear.”

Sono già le cinque e mezzo. Mi accorgo di aver riempito una decina di fogli, e che quei fogli sono il copione di un film maledettamente verosimile. E così, come nei titoli di coda, aggiungo alla fine che gli eventi descritti sono immaginari e la somiglianza con fatti realmente accaduti puramente casuale.

Ma l'immaginario scappa ancora di mano, e stavolta scivola nel reale.

Sull'Airbus che torna a casa sorvolando l'Atlantico, la piccola italiana si immerge anche lei nella mappa. Non guarda l'Ucraina, ma posti come la Severnaja Zemlja e gli altri arcipelaghi russi, che danno a Putin un bel vantaggio nella corsa al Polo.

Capisce che l'America non intralcerà la sua politica e potrà tagliare su scuole, ambiente, cultura, assistenza, ospedali, tenere sotto pressione la magistratura e manganellare i giovani pacifisti, per comprare carri armati. L'America ci sarà grata. Poi telefona e dispone l'acquisto di 132 Leopard 2 per armare due reggimenti e di 140 piattaforme per le brigate pesanti.

Sa bene che, in caso di vittoria di Trump, quel bacio di Biden potrebbe costarle caro e pregiudicare i suoi rapporti con la Casa Bianca.

Ma gioca d'azzardo lo stesso. Vuole primeggiare. Giura fedeltà a Kiev non per uno ma per dieci anni. Cancella l'obbligo della trasparenza per le industrie che esportano armi e per le banche che le finanziano. E ovviamente stringe sull'immigrazione, perché alla gente bisogna raccontare che l'emergenza è quella.

Meglio non dire della corsa al petrolio, del nickel e dei diamanti. E nemmeno della guerra che bussa alla porta di casa.

Vittimismi

Barcellona, gennaio 2024. Messa nella chiesa di Santa Maria della Mercede, una delle protettrici della Catalogna. C'è qualcosa di polacco nella scenografia: coralità potente, distribuzione di candele, bandiera nazionale catalana accanto all'altare.

Poi scopro che molti catalani si autodefiniscono "polacchi", per dire che i castigliani sono i "russi", cioè gli oppressori. E apprendo che sulla rete 3 della tv locale ha imperato a lungo una trasmissione indipendentista chiamata *Polònia* e costruita su questo stereotipo divisorio.

I catalani sono un popolo accogliente, te ne accorgi già per la strada. Non so che bisogno abbiano di questa industria di luoghi comuni, utili a motivare la separazione da Madrid. Nelle interviste televisive si selezionano gli interventi degli spagnoli meno professionali, più primitivi e confusionari, mentre il catalano appare posato, competente, ordinato.

Poi, quando prendi il treno e arrivi a Madrid, già alla stazione di Atocha constati che non è vero niente. Nelle file di attesa la gente è ordinata come in Catalogna, se non come in Germania.

Dietro il luogo comune anticastigliano c'è la memoria dell'oppressione franchista, ovvio. Ma non basta a spiegare. In fondo, anche l'Andalusia ha sofferto sotto la dittatura fascista, eppure gli andalusi non sembrano aver bisogno di nemici per sapere chi sono. La Spagna che fu araba non si contrappone a nessuno e assorbe spontaneamente chi viene.

Federico, il mio primo nipote, è stato sia in Catalogna sia in Andalusia e ha avvertito questa differenza. "A Siviglia mi sono sentito a casa," mi ha detto, "a Barcellona ero un turista." Anche se, ha aggiunto, "sono bellissime tutte e due".

E infatti, in questa città amata da sempre, sento attenuarsi la meravigliosa energia spirituale che avevo percepito dopo la morte di Franco. Chissà, forse è il destino effimero di ogni liberazione. Perché tutto finisce allo stesso modo: multinazionali, turismo di massa e cultura ufficiale finanziata dal palazzo.

Si fatica a ritrovare il clima, semplicemente pazzesco, che si respirò al concerto di Freddie Mercury e Montserrat Caballé al grido di "Barcelona!", o nella scenografia messa in campo per l'apertura delle Olimpiadi del 1992, con l'ingresso di Ercole fondatore di città, trascinato da una nave nello stadio.

Pranzo in un ristorante basco con Carlus Padrissa, l'uomo che disegnò e diresse quella cerimonia di apertura. È un federalista come me, ed è ancora posseduto da una forza creativa in perenne ebollizione. E allora, dopo Ercole, perché non parlare di Europa?

Sulla tovaglia di carta gli disegno con didascalie in spagnolo la scenografia di uno sbarco della Grande Madre sulla costa catalana. "La virgen que viene del Este sin paz", il toro, "arquetipo de fuerza y fertilidad".

E mentre arriva vino tinto con acciughe del Mar Cantabrico, disegno la barca, "que puede ser la iglesia", che viene tirata in secco con corde da un esercito di giovani a torso nudo, e poi un coro femminile che segna il ritmo dell'operazione.

Con uomini come Carlus si ritrova il sapore antico della Catalogna di sempre.

Fuga dai Balcani

Mirjana è nata a Belgrado e parla un sacco di lingue. Il suo mestiere di analista politica, ma anche la sua biografia, la vede immersa in una rete di instabilità mondiali.

Ha studiato in Messico e negli Stati Uniti, poi ha lottato a lungo per un passaporto europeo, "per fede nei valori dell'Unione", solo per rendersi conto, una volta ottenuto il documento, che quei valori non contavano più niente e potevano essere schiacciati in qualsiasi momento.

Negli anni novanta ha vissuto con me, da corrispondente del "País", la dissoluzione della Jugoslavia, il suo stesso Paese. Da allora, la cronaca della sua vita è quella di una fuga dai Balcani. Ma è come se i Balcani la inseguissero ovunque.

Ha traslocato in Spagna giusto in tempo per l'attentato islamista dell'11 marzo 2004 nella stazione di Madrid, che ha causato 192 morti e 2057 feriti, e per vivere anche il momento più caldo del separatismo catalano.

Si è trasferita allora a Vienna, città descritta come

più vivibile d'Europa, solo per scoprirvi un arcipelago di tensioni etniche sommerse.

In un viaggio a Nizza, in Francia, è incappata nella strage del 14 luglio 2016 sulla Promenade des Anglais, rivendicata da musulmani estremisti, dove sono morti in 87, incluso l'attentatore.

Un giorno mi ha confessato, esausta: "Paolo, sogno di vivere in un Paese dove non succede niente", e io non ho capito subito il senso profondo di quella sete di tranquillità, che mi è parsa simile a una resa.

Poi è capitato che qualcuno mi ricordasse qual era la peggior maledizione per un cinese: "Che tu possa vivere tempi interessanti".

È stata come una chiave d'accesso alla secolare dimensione di stanchezza dei popoli del Centro Europa e al loro stato di endemica turbolenza.

Punti luce

Ianni, Fabienne, Minia, Ustym, Sava, Lizaveta, Krzystof, Mia, Mihajlo. Benedetti figli miei. Quando sento *Shahrazad* di Rimskij-Korsakov penso a loro, i ragazzi della European Spirit of Youth Orchestra, l'orchestra sinfonica dei giovani d'Europa con cui ho vissuto per cinque estati. *Shahrazad* è uno dei loro pezzi forti, e ogni volta che lo riascolto mi passano davanti i loro volti pieni di vita. I volti del mondo che vorrei.

Kilian, scatenato trombonista spagnolo. La piccola Aksinija, timida flautista russa di Kaliningrad. La dolce

Flora, cornista e violoncellista inglese. Alessandro, ambizioso violinista italiano con in corpo la voglia matta di viaggiare. Il polacco Kamil, fagottista, carico di humour e allegria. Che la peste della guerra, ho pensato spesso guardandoli, possa non toccarvi mai.

E invece li ha toccati. Nel marzo del 2022 uno di loro ci ha scritto che "Dio" gli aveva chiesto di lasciare il clarinetto e di passare a "un altro strumento musicale". Era ucraino, e una foto allegata mostrava un lanciarazzi antitank con la sua mano sul grilletto. Non so che fine abbia fatto.

Tanto più allora, pensando alla guerra, mi aggrappo a quei volti. La sinfonia che sanno esprimere mi dice che l'Europa si manifesta meglio come vibrazione, suono, timbro, frequenza, e che la sua musica nasce dalla contaminazione. Dalla presenza degli Arabi in Spagna o degli Ebrei nei Paesi dell'Est.

Essi sono i miei punti luce, ma non nel senso di squarci di speranza. Detesto la speranza: troppo spesso è un imbroglio per tenere buoni gli oppressi. Alimenta l'inazione.

Max Mannheimer, ebreo di Monaco, morto a novantasei anni, uno dei più vecchi sopravvissuti ad Auschwitz, preferiva l'ottimismo alla speranza e, osservando la deriva del mondo, si metteva serenamente di fronte al quadro peggiore possibile solo per guardarlo in faccia, spesso con caustica ironia, come se sapesse in anticipo che "quelli" si sarebbero rotti nuovamente le corna. Non gli importava di giudicare, solo di gettare le premesse di una gioiosa battaglia.

Il tarlo

Qualche tempo fa sono stato ricoverato nell'ospedale pubblico della mia città a causa di un incidente in bicicletta.

In un ingorgo di lettighe in attesa, ho assistito allo spettacolo di un esercito di medici, infermieri e personale sanitario sfinito dai turni e travolto da una perenne emergenza, che, nonostante tutto, non mi faceva sentire un numero, si preoccupava di me, mi chiamava per nome senza conoscermi e mi curava in modo eccellente.

Approdavo in un porto protetto che non andava mai in vacanza, funzionava ventiquattr'ore su ventiquattro, 365 giorni all'anno e non poteva respingere nessuno. Il monumento a un sistema solidale, universalistico, che non fa distinzione di reddito, razza e provenienza. La negazione della cultura dello scarto. Una trincea di resistenza alla liquidazione del welfare, oltre che alla mercificazione della vita.

In quelle stesse ore, dal mio letto d'ospedale, apprendevo che la politica aveva decretato aumenti di spesa a favore di quella sanità privata che aveva clamorosamente fallito durante l'emergenza Covid, e bloccava nuove assunzioni di personale socio-sanitario oltre che il turn over per decine di amministrativi del settore.

Ero appena tornato dalla Germania con una pessima sensazione. Ore di ritardi dei treni, coincidenze saltate, aeroporti in tilt: nel breve tratto fra Mannheim e Ulma avevo vissuto il crollo di un mito, quello di un sistema modello nel cuore del Continente. In una tratta, il mio vagone era talmente pieno che non riuscivo a raggiungere il posto prenotato, naturalmente occupato da un altro.

Amici francesi nel frattempo si lamentavano con me di come le loro ferrovie fossero malate di centralismo, privilegiassero i treni superveloci e cancellassero le linee minori, al punto da obbligare i passeggeri a passare sempre per Parigi, col risultato di allungare il viaggio. Mi spiegarono che le assunzioni dei ferrovieri erano state bloccate, mentre gli informatici Sncf erano diventati ventimila, comunque incapaci di impedire blocchi del sistema.

"In Francia è meglio non ammalarsi," mi diceva l'amica Manault da Parigi, lamentandosi del collasso di un sistema sanitario pubblico disumanizzato. Intanto, mail sconsolate da Madrid e Barcellona descrivevano scuole a pezzi, con insegnanti aggrediti da genitori o allievi fuori di testa. Il sistema Thatcher, che aveva portato l'Inghilterra alla rovina, trionfava e faceva danni ovunque.

Spinto da un barelliere, viaggiavo per corridoi e stanze illuminate al neon, seguendo una linea a zigzag di soffitti anziché di pavimenti, e intanto camici di diverso colore si affacciavano nel mio campo visivo come dall'orlo di un pozzo. Eppure, quanto più lucidamente vedevo da quella posizione svantaggiata. Sentivo che l'Europa, distratta dagli eventi in Russia e Ucraina, era sotto attacco nelle sue conquiste più sacre, mentre la gente non votava più o, peggio, votava proprio gli smantellatori del welfare.

Nelle insonnie d'ospedale, sentivo il rosicchiare di un tarlo che corrodeva le fondamenta del mio mondo. Per capire bastava stare lontani per un attimo da un bombardamento mediatico governato dai like e non dal peso reale dei fatti, dove tutto assumeva contorni di tragicommedia e dove la mobilitazione dei soccorsi per salvare cinque turisti ricchi risucchiati dalle profondità dell'Atlantico durante la ricerca del relitto del *Titanic* surclassava scandalosamente quella per settecento naufraghi nell'Egeo.

Ecco cosa restava della vecchia Europa del welfare. Medici eroi obbligati a compilare procedure, insegnanti delegittimati e ferrovieri in crisi di nervi.

La cortina

Chissà se qualche afghano o siriano sta passando per il bosco, in questo momento.

Quella che le ombre stanno per varcare è stata cortina di ferro per più di quarant'anni, e ora c'è chi spinge per costruirvi un muro antimigranti.

Quando l'infame barriera d'Europa è caduta, non si è nemmeno finito di festeggiare che già in alcuni cresceva la nostalgia dell'antica separazione.

C'ero, il 2 maggio del 1989, quando l'Ungheria invitò la stampa ad assistere al primo smantellamento del muro.

Il nome del luogo non l'ho dimenticato: Hegyeshalom. Piovigginava, e il vento pettinava i grandi prati di erba medica intorno al Danubio.

Il comunismo al Gulasch non era ancora crollato, il muro di Berlino nemmeno. Tutta l'Europa viveva un irreale momento di attesa. Sembrava impossibile che il comunismo potesse sfasciarsi così, da un giorno all'altro.

Il colonnello Balázs Novák, alto ed elegante, convocò la stampa in una baracca per illustrare come e dove l'esercito toglieva i reticolati e le bocche di lupo tra le due Europe.

Una spiegazione asettica. Ma quando una giornalista inglese chiese chi avrebbe sorvegliato d'ora in avanti quella frontiera, il colonnello Novák sorrise con beffarda ironia.

Reticolati

E infatti eccoci a chiederla di nuovo, la cortina di ferro. A mettere, al posto dei Vopos della Germania Est, le polizie croate, polacche, greche, ungheresi. Lasciamo fare a loro il lavoro sporco.

Eccoci a pontificare di morale in assenza di etica, a blindare persino i confini interni e a riempire il territorio di reticolati, allarmi e videocamere.

Le anime belle lanciano anatemi contro la ferocia dei tempi e discettano a pancia piena sulla fame altrui, ma intanto ritorna la fobia dell'Altro e del nuovo.

Il Trattato di Schengen è temporaneamente sospeso, e quel "temporaneamente" sembra preludere a una proroga senza fine.

Torna la vergogna dell'emigrante che siamo stati, come dire il rifiuto schizofrenico di noi stessi.

Torna il rancore del piccolo-borghese, attizzato dal vespaio della rete.

Torna la sua nostalgia di un padre forte mai avuto.

Torna il disprezzo del debole e, perché no, del subalterno, che è sempre un emerito coglione.

Emerge un fascismo assai poco sociale e molto neoliberale, forte con i miti e mitissimo con i forti.

Un fascismo che non deve "disturbare le imprese", nel senso di non tassarle troppo.

Un fascismo nuovo, senza ideologia ma affamato di potere.

Un fascismo con al vertice non più lo Stato, ma il Grande Predatore, che deve fottere l'Altro *nunc et semper*, perché la vita è guerra permanente.

La messinscena

Il fascismo originario ha bisogno di frontiere da difendere, o va in crisi di identità. Dopo il crudele attacco di Hamas e l'interminabile, spietata rappresaglia israeliana, non gli è sembrato vero che i Paesi europei cancellassero i confini aperti di Schengen con la scusa del terrorismo islamico, ma in realtà per esibire una maggiore sorveglianza sui migranti.

Poi vai a vederli, quei confini, e ti vien da ridere. "Teatro," direbbero a Napoli, una messinscena per creare una psicosi da assedio. Teatro in Francia, Austria, Spagna, Italia.

Spesso, cinquanta metri più in là, chiunque passa liberamente nei boschi. Ma sugli europei l'effetto psicologico è devastante. Il senso stesso dell'Unione è cancellato.

Come se non bastasse, si controlla chi entra, non chi esce. È come dire: e a me cosa importa che un terrorista vada a mettere bombe in giro per l'Europa? Un nobile esempio di solidarietà federale.

Quello screening a senso unico autorizza ogni Paese Ue a illudersi che il pericolo venga solo dall'esterno. Ed ecco che, grazie all'emergenza-invasione, ciascuno copre i propri vizi nazionali. Cose come lo strapotere dei monopoli, gli ospedali e i trasporti al collasso, la corruzione, l'evasione fiscale, la distruzione dell'ambiente. Autoassoluzione plenaria.

E così, fra Paesi dell'Unione, con l'assenso interessato di Ursula a Bruxelles, assistiamo a uno show di mimetiche, luci accecanti stile Berlino Est, camionette di traverso e mitra a tracolla. L'ombra del Muro che ritorna.

Una pura messinscena, tanto è vero che si concentra in un'unica direzione: quella dei Balcani e del mondo di lingua araba. Una sindrome del Sudest che autorizza ogni Paese a sentirsi antemurale di un pericolo che viene invariabilmente da quella parte del mondo.

Dunque, nei controlli di frontiera l'Austria tiene d'occhio l'Italia, l'Italia la Slovenia, la Slovenia la Croazia eccetera, fino alla Turchia e al Medio Oriente. Difficilmente avviene il contrario.

È una vecchia sindrome. Quando battevo le terre inquiete al di là dell'Isonzo, era palpabile negli sloveni la fierezza di essere ultima frontiera dell'ordine asburgico e nei croati l'orgoglio militare di essere avamposto del cattolicesimo.

Allo stesso modo, i serbi vedevano sé stessi come eroica barriera contro il turco: le loro guardie di confine, quando passai in bici verso Sofia, arrivarono a dirmi con la massima serietà: "Stia attento ai cani bulgari"; che poi, ovviamente, si dimostrarono identici a qualsiasi altro randagio.

Un curioso, quasi comico, riverberarsi di pregiudizi che si scarica fin oltre i Balcani e sembra dire: da lì vengono i barbari. Ed è, guarda caso, la stessa direzione dalla quale, nei millenni, è immigrata gran parte dei popoli europei.

Un po' come rinnegare le nostre origini. Credere che gli uomini non abbiano gambe ma radici, come gli alberi.

Per questo, penso, chi come me ha gambe prova un gusto particolare a passare quel confine da clandestino facendosi beffe dei controlli.

I barbari

Poveri soldati, li vedo ogni giorno sulla mia frontiera, stufi e infreddoliti, a recitare malvolentieri la parte dei duri.

Sanno per primi che non serve a niente. Sanno che l'economia ha una dannata fame di schiavi sopravvissuti a viaggi infernali che, come salario, quasi si accontentano di esser vivi.

La realtà è spietata e semplice: i controlli abbassano il costo del lavoro. Offrono manodopera alle mafie nei campi di pomodori e negli scannatoi.

Per secoli gli europei hanno visto crescere una borghesia di negrieri. E ora che gli schiavi vengono spontaneamente, e pure pagano per venire, vogliamo cacciarli via?

Ormai il profitto ha inquinato anche il più umano dei gesti: l'accoglienza. "Follow the money," dicono gli americani. Si grida alla "sostituzione etnica", ma – guarda che combinazione – non si applica ai ricchi, anche se briganti o camorristi. Purché portino soldi, vengano pure tranquillamente. Ipocrisia pura.

Intanto, i poveri arrivano lo stesso, alla chetichella, con le guardie di frontiera che sovente si voltano dall'altra parte. Perché rinunciare a dei reietti da esporre al pubblico ludibrio? Perché fare a meno di questa magnifica rendita elettorale?

Si fregano le mani, i sovranisti di casa mia, davanti al muro antimigranti. Poi vanno a mangiare la pizza dal bengalese o il kebab dall'egiziano, fingendo di non vedere che la scritta CERCASI PERSONALE è affissa ovunque, di non sapere che gli italiani non vogliono più fare lavori umili e che gli industriali in difficoltà chiedono urgentemente forza lavoro.

Non si vuole proprio ammettere che l'Europa è una

demografia a fine corsa, una terra di vecchi e assistiti che ha perso l'uso delle mani.

Poveri europei. Sembrano i cittadini romani del terzo secolo, che affidarono ai barbari le fatiche della terra e persino il servizio militare.

E meno male che allora c'erano i barbari.

Topi migranti

L'alba è vicina. È il momento in cui tutte le fisarmoniche della notte si mettono a suonare.

Fantastiche notti di campagna, con la radio accesa al minimo, e i libri come compagni di viaggio.

Di notte una biblioteca può diventare un covo di sedizione. I libri parlano, confabulano tra loro, mandano segnali. A volte sono loro a cercarti, non viceversa.

Ed eccomi davanti all'*Eneide* di Virgilio, un vecchio volume Einaudi con la stessa traduzione di Rosa Calzecchi Onesti su cui ho lavorato al liceo.

C'è un passaggio che ricordo quasi a memoria: "*Ma che popolo è questo? Che barbara patria / permette una simile usanza? L'asilo della sabbia ci negano; / fan guerra, ci vietano di por piede sul lido*". È la voce di Enea profugo di guerra, che si lamenta con i Cartaginesi per come è stato trattato allo sbarco nella loro terra africana.

Gli scaffali mi restituiscono anche *Wassermarken*, una raccolta di poesie di Heinz Piontek, germanista e poeta. Una di esse, *I dispersi*, poi tradotta da Giorgio Caproni, parla della fuga in massa dei tedeschi dalla Prussia orientale attaccata dalle truppe sovietiche, e in particolare una scena commovente che ricalca la partenza di Enea con il padre sulle spalle e il figlio per mano.

"*Abbiamo ficcato nei sacchi pane e argento / disserrato la porta. / Quando la notte cominciò a lampeggiare / corremmo senz'armi alle stalle / e via, su strade di topi migranti. / Lamiera sventrata e fredda: la terra dei vinti.*"

Leggo a bassa voce, lentamente, scandendo le sillabe:

"*Si andava a passo d'uomo. / Una ragazza partorì fra le ruote di un carro. / Un cieco incespicava dietro persone di buon cuore / aggrappato a una corda, e gridava all'aria: 'Dove siamo?'. [...] / Ma ci raggiunse uno / che conduceva con sé un ragazzo; / era un uomo robusto, con l'uniforme strinata dai soli d'estate, / e portava sulle spalle un vecchio, il debole padre*".

Davvero nulla di nuovo nel mondo di chi migra. Stessa paura, stessa rabbia di duemila anni fa. Il mito è fatto per essere riletto.

Piontek finisce così: "*Allora fu giorno davanti ai nostri occhi, con luce di foglie di rosa*", ed ecco un chiarore rosato diffondersi anche qui nella campagna.

Sembra la luce della Genesi.

Il viaggio al termine della notte sta per finire.

Gli indomabili

Hans è sveglio, lo sapevo! È sveglio e mi scrive buone notizie.

Ci sono le proiezioni sul voto, che per la prima volta danno la destra sovranista tedesca in calo. Le manifestazioni contro l'AfD hanno avuto effetto.

Racconta che contro le teste rapate in nero sono scese in campo anche le nonnine. Indomabili Omas gegen Rechts, che non hanno dimenticato l'orrore del nazismo.

Vecchiette come la mia insegnante di tedesco di trent'anni fa, che a fine guerra era stata espulsa dai Sudeti ma non si sognava di accusare di questo i cecoslovacchi.

E poi c'è che Alexandra Föderl-Schmid, la giornalista che si era buttata nel fiume, è stata dimessa dall'ospedale.

E c'è che in Ungheria vengono alla luce gli scandali del regime e le piazze tornano a riempirsi di cittadini che chiedono le dimissioni del governo.

Anche mio figlio Michele mi implora: papà, basta piagnistei, guai ad alimentare l'inazione. Per la democrazia è l'ora della lotta.

Troppo facile fare professione di patriottismo europeo quando le cose vanno bene. Il coraggio della testimonianza si vede quando lo scenario è buio.

È la lezione dei Benedettini, che rimisero in piedi il Continente nel momento in cui all'Europa non credeva più nessuno.

Ho saputo che anche i miei amati monaci di Sankt Ottilien, in Baviera, sono scesi in campo contro il proposito dei sovranisti tedeschi di rimandare a casa tredici milioni di stranieri. Bene, benissimo.

Ma non basta. Hans mi annuncia che verrà a trovarmi in campagna assieme alla moglie, per far festa con una botte di birra di Franconia. Per l'occasione, porterà la fisarmonica e indosserà le braghe di cuoio. Magnifico.

Ormai casa mia è diventata un ritrovo di originali, matti, utopisti e viaggiatori alternativi. E se c'è una cosa che amo, è cucinare per tutta questa gente.

Le sei

I balbuzienti

C'è chi ha un grande vecchio della montagna. Io ho una grande vecchia, un'umile contadina del mio villaggio, che con poche parole sa ricondurmi all'essenza della vita.

Un giorno, tornata dal campo, dopo aver ascoltato una delle mie storie, mi ha squadrato con gli occhi chiari e ha detto: "Signor Paolo, ognuno ha un compito sulla Terra. Io coltivo il mio campo. Lei coltiva i suoi libri".

Come lo disse, vidi me stesso zappare il mio giardinetto di parole e mi sentii nobilitato. Quella creatura semplice era una filosofa e dava senso al mio lavoro. Lei, con le mani segnate dalla fatica, non si sognava di schedarmi come intellettuale che si astrae dal mondo, ma mi vedeva come qualcuno che produce cose utili agli uomini.

Stanotte, pensando all'analfabetismo che dilaga nell'era digitale, mi rendo ancora più conto del valore di quella sua lapidaria definizione. Per due anni ho faticato giorno e notte sui versi del mio *Canto per Europa* senza capire che assolvevo a un compito: portare alla luce il nucleo profondo della parola.

Ecco, come la contadina difende la terra dalla gramigna, così il mio compito, al tramonto della vita, è difendere le parole dall'aggressione della barbarie, rivoltarne le zolle rese sterili dall'insensato bla-bla universale.

Mi rendo conto in un attimo che la parola "fascismo", sulla quale ho ragionato finora, non è corretta, depista, è persino nobilitante per definire quello che ci circonda. Fa credere alla riemersione di qualcosa di vecchio, mentre qui siamo di fronte a un fenomeno totalmente nuovo ed estraneo a ogni ideologia: la cancellazione della memoria, dell'ascolto e del senso stesso del discorso.

Capisco allora che anch'io devo zappare meglio per trovare la parola giusta, rivoltare meglio la terra. Ed ecco venire alla luce una parola nuova, ma antica come la civiltà.

Risolutiva, comprensiva di tutti gli aspetti della ferocia che ci assedia.

"Barbarie".

In greco, "bárbaros" vuol dire "balbuziente". E allora cos'altro è la barbarie se non balbettio, perdita della meravigliosa complessità insita nel vocabolario e nella sintassi? E se la barbarie dilaga, quanto più importante è coltivare piccoli orti in cui le parole si salvano dalla distruzione?

Se oggi il mondo si copre di focolai di guerra come la pelle di un lebbroso, è anche perché le parole sono in mano a malintenzionati, spesso governati da poteri invisibili, che fanno breccia sugli ingenui e gli ignoranti.

Se Russia e Ucraina rischiano di autodistruggersi in un conflitto senza fine, è perché manca in Europa la capacità dialettica, o verbale, di tessere una mediazione. Per il nodo tremendo di Gaza il discorso non cambia. Se mandassi lì a parlamentare la contadina del mio villaggio, farebbe meglio di tanti diplomatici.

Quanto ai Balcani, se sono finiti in pezzi è anche a causa di un micidiale bombardamento mediatico, di parole appunto, che ha preparato il terreno alle cannonate autentiche; e se la Gran Bretagna si è suicidata separandosi dall'Europa è soprattutto perché la parola "identità", nel referendum di Brexit, è stata manipolata da irresponsabili.

Oggi che Londra è davanti al proprio fallimento, ho sentito dire a un suo ironico cittadino: "Noi inglesi siamo sospettosi di tutto ciò che viene dall'estero, però beviamo birra belga, viaggiamo su un'auto tedesca, guardiamo film americani su una tv giapponese, compriamo un take-away italiano e dormiamo su un materasso svedese".

Ecco in che precipizio ci porta l'idea di nazione riletta dagli analfabeti.

La gatta ha freddo e chiede di rientrare; si è spalmata sul vetro per farsi capire.

Mi guarda dal semibuio con l'occhio del predone e le orecchie a deltaplano. Sembra rappresentare l'enigma del selvaggio Altrove che mi circonda.

Entra, mi salta sulle spalle e ci rimane ronfando, aggrappata alla felpa, mentre cerco nella dispensa qualcosa per lei.

Forse sono io a essere aggrappato a quell'animale. C'è qualcosa di salvifico, nel rapporto tra lei e me.

Stanotte li ho sentiti, gli animali intorno. Il cavallo che bruca nella prateria a oriente, i cani all'erta, il richiamo del gufo, il respiro caldo delle mucche nelle stalle.

Anima. Animali. Notti di fruscii, di mille occhi che ti guardano dal buio.

Pep è un narratore nato e gestisce a Barcellona la più grande libreria di viaggi d'Europa, l'Altaïr. Per lui gli animali sono i migliori amici di lettura che si possano immaginare. Persino gli scorpioni. "Quand'ero bambino davo loro mandorle tritate e latte, e loro venivano, senza mai pungermi."

"In Sudamerica ho dormito perfino con un pitone," mi ha raccontato, "e lui, quando scrivevo, mi stava accanto. Un giorno dovetti andarmene, e sentii la sua mancanza. Se guardi un animale, e lui ti guarda, si stabilisce un legame forte. L'ho sperimentato con i cammelli, nei miei viaggi nel deserto."

Stavolta la gatta Mili, con la sua presenza felina, risveglia in me il desiderio partigiano di diventare bosco.

Far parte della notte, aspettare al varco il nemico, osservarlo dal buio.

Essere irreperibile, non registrato, non spiato, non soggetto a regole.

Nomade, alla macchia, come un maquisard, protetto dalla lince, l'orso, la faina, e dagli spiriti delle fonti.

Non ho mai avuto paura delle tenebre. Le ho sempre vissute come nascondiglio. Ho imparato a girarle a mio vantaggio.

Mi piace essere colui che osserva, anziché colui che viene osservato.

Apro la porta. La terra respira, è viva. Mi è amica.

È tempo di battaglia, in Europa. Mai come stavolta vale il motto "Nie wieder ist jetzt".

Non passeranno le nazioni. Che senso avrebbero in un momento in cui ogni problema è mondiale?

Come fanno gli europei a dimenticare che, causa le nazioni, il Continente si è già suicidato due volte?

I seminatori

Antonio è professore di storia e filosofia in un liceo del Veneto e ogni anno chiede ai suoi ragazzi di affrontare un grande tema del momento.

Quest'anno hanno scelto il nodo più doloroso e complesso, la questione palestinese, e ci hanno lavorato su per quaranta ore, sviscerando l'argomento da ogni punto di vista, economia, storia, geografia eccetera.

Lo hanno fatto con il sistema parlamentare. Si sono raccolti attorno a un tavolo, si sono scontrati, hanno litigato, cercato compromessi e alla fine hanno accettato la versione della maggioranza. Ne è uscita una relazione di quaranta pagine, che poi hanno illustrato in assemblea a tutta la scuola con rappresentanti votati da loro.

Per tutti è stata una tale crescita in democrazia e autostima che ora vedi quei giovani attivarsi spontaneamente sui grandi argomenti della politica, e questo prima ancora di essere in età di voto.

"La nostra," dice Antonio, "è una battaglia contro il senso di impotenza che sembra pervadere tutto. Un modo per uscire dal torpore e mostrare che la lotta per un mondo migliore non è affatto inutile."

I ragazzi ascoltano il loro professore, perché è uno dei grandi testimoni dell'accoglienza in Europa. Uno che si è preso in casa e ha adottato sei giovani africani, ora pienamente indipendenti e inseriti nella società.

"Non abbiamo cambiato il mondo, certo, ma siamo cambiati noi. Siamo diventati seminatori, e chi semina non ha la presunzione di vedere i risultati subito, in questo clima generale di indifferenza. È già un grande risultato."

Da qualche giorno ho sul tavolo un grosso libro non ancora sfogliato. Me l'ha spedito Claudio dalla Baviera, assieme a una breve, entusiastica nota di incoraggiamento alla lettura.

Titolo su copertina blu: *Der AfD Komplex*, il complesso AfD. Una ponderosa inchiesta su Alternative für Deutschland, che nessun giornale sembra aver fatto finora.

L'editore non l'ho mai sentito nominare, Recherchen von Correctiv, ma il lavoro, già dall'Indice, appare formidabile. Qualcosa di inedito su un partito di destra in Europa.

Già, i giornali non fanno più inchieste. Non hanno più lettori né uomini, né mezzi né pubblicità; spesso nemmeno l'autorevolezza e l'indipendenza necessarie.

Qui scopro invece che un gruppo di giornalisti privi di testate di riferimento, e soprattutto di sponsor, lavora sul tema ininterrottamente da otto anni, con un'ostinazione da Scotland Yard.

Leggo, mentre il chiarore esce sulla campagna, e resto senza parole. Sono davanti a una squadra di investigatori che ha messo in piedi un'inchiesta-reportage tra le più fantastiche della Germania del dopoguerra.

Sono loro che si sono infilati come insider nella famosa riunione segreta dell'AfD che ha lanciato l'idea dell'espulsione di tredici milioni di stranieri dal Paese. Loro che l'hanno resa pubblica, scatenando una reazione di popolo in tutto il territorio federale.

Sempre loro hanno trovato donazioni illegali al partito per milioni di euro, scoperto come l'AfD si sia irrobustita attraverso un'organizzazione di facciata con sede in Svizzera, compreso come Alternative für Deutschland sia entrata nell'orbita moscovita fino a diventare, di fatto, una "Alternativa per la Russia".

E sono stati ancora loro a dimostrare come Maximilian Krah, "Spitzkandidat" dell'AfD alle elezioni europee, sia implicato in una rete internazionale mirata all'abolizione dei diritti dell'uomo, e a indagare sulle conseguenze per la Germania dell'abbandono dei rapporti con l'Occidente.

Nessun giornale tedesco, oggi, sarebbe stato capace di una simile indagine, dal valore politico incalcolabile. Ma loro, i ragazzi di Correctiv, come ce l'hanno fatta? Con quali mezzi?

Sono travolto dall'emozione. L'inchiesta dice che si può, che il linguaggio e il sistema per opporsi alla barbarie esistono eccome.

L'introduzione dell'editore David Schraven lo spiega, e le sue parole potrebbero essere il fondamento di un'editoria tutta nuova in più Paesi.

Ora è il momento è il titolo di quella folgorante premessa, che scopre le carte del sistema di finanziamento che ha permesso tutto ciò. A monte, un'idea semplice. Un giornalismo "senza scopo di lucro", qualcosa di simile al lavoro delle banche etiche.

"Avevamo bisogno di qualcosa di nuovo," dice Schraven, "per far sopravvivere qualcosa di vecchio: il giornalismo d'inchiesta." Non un trucco per rastrellare soldi dalle fondazioni, ma un modo aperto per farsi finanziare dai lettori.

Riassumo le parole dell'editore: noi le notizie le regaliamo e, se la comunità ritiene che ciò che facciamo è utile e giusto, ci compenserà con quanto ritiene appropriato. Chi ci dà un euro, chi dieci, chi quattrocento. Ora contiamo su migliaia di donatori.

"Questo ci ha dato una libertà senza precedenti e consentito di compiere indagini che nessuno dei media tradizionali sarebbe stato in grado di portare a termine".

Conclude Schraven: "Continueremo a portare avanti un lavoro importante per la nostra democrazia e serviremo i cittadini del nostro Paese".

The finest hour

Bene. E adesso che vengano pure di notte, a rompermi le finestre o a dar fuoco alla legnaia.

Nel 1944 hanno incendiato per rappresaglia interi villaggi come questo. Se accadrà, avrò sempre il bosco dalla mia, e andrò nella notte anch'io.

E fa niente se all'inizio saremo pochi e soli.

Era sola anche l'Inghilterra nel giugno del 1940, quando il vecchio Winston nel pieno del disastro disse al popolo: "This is the finest hour".

Quelli come me non hanno che parole da offrire. Ma le parole non sono poco, in questo sconfortante silenzio.

E allora che noi, cosiddetti intellettuali, si faccia il

nostro lavoro: essere sciamani, ritrovare le parole perdute, farne emergere il senso nascosto, risvegliare il "daimon", quella forza onnipotente capace di rompere gli schemi e di invertire in un attimo il corso della Storia.

Di tutti i nostri compiti, uno dei più importanti è denunciare che la rete può essere raggirata con l'intelligenza. Perché la rete è idiota, nel senso letterale del termine. A me è bastato navigare in cerca di esempi di retorica nazista perché il web mi catalogasse come simpatizzante del nazismo e mi inondasse di contenuti nazisti.

È dunque tempo che voi giovani vi prepariate alla battaglia, voi che avete ancora sete di libertà e marciate contro la guerra, voi che avete negli occhi la luce di questa terra unica al mondo e le appartenete, senza pretesa che essa vi appartenga. Non fatevi fregare da quelli che vi scavano la fossa.

Preparatevi a mandarli a casa, quelle bande di tombaroli necrofili che ci portano al disastro. E se necessario spazzate via anche me, che sono solo un vecchio gufo di nome Cassandra ormai capace soltanto di predire il peggio. Un eresiarca messianico fuori moda.

Sento che vi state stancando – era ora – di tutta questa leggerezza, di tutta questa mobilità, di tutto questo effimero che il sistema vi rovescia addosso per tenervi lontani dalla vita e abituarvi a un precariato dove è normale essere licenziati in tronco con un sms.

Sappiate che i negrieri di ieri sono diventati gli schiavisti di oggi, e che costoro sperimentano sugli immigrati ciò che si apprestano a fare di voi. A quel punto capirete che il nemico ultimo non è il fascismo ma chi se ne serve, è la teologia del profitto come dogma, che fa del lavoro non un valore ma un costo da abbattere.

Se la notte è lunga, pensate che il coraggio autentico non nasce dalla tracotanza ma dallo sconforto. Nasce dalla lucida percezione del pericolo e dall'ammissione della propria fragilità.

È quello che accade a Enrico V, che passa la notte prima della battaglia di Azincourt raccomandandosi al Creatore, a tal punto schiacciante è la superiorità dell'avversario. Enrico che poi, al mattino, riprende vigore, stringe a sé gli uomini smarriti e ne fa una famiglia sola.

Io, che ho la "malattia" della metrica, impazzisco all'idea che il re inglese abbia vinto grazie a un pentametro giambico: "The fewer men, the greater share of honour". Che sarebbe: "Meno siamo, più grande sarà la nostra parte di gloria".

Ebbene, anche noi andremo oltre l'insonnia e la paura. E se saremo pochi fa niente.

Ma non lo saremo, perché "loro" si distruggeranno da soli. I demagoghi saranno spazzati via dalla Storia.

I popoli stanno capendo l'imbroglio, vedono la sanità pubblica in ginocchio, le scuole a pezzi, gli sportelli delle pensioni in pericolo, i ragazzi presi a manganellate. Sentono la pressione di un'economia di rapina e di un'aria di guerra che ammorba ogni cosa. Sono stanchi di questa disumanizzazione, di una rete che narcotizza, che dice cosa comprare e cosa votare;

nauseati dall'invasività delle procedure e dei codici di accesso, e hanno nostalgia dell'umano.

È lo stesso fetido imbroglio narrato in una poesia lapidaria da Rudyard Kipling, dopo la morte in battaglia del figlio diciannovenne che lui stesso aveva incoraggiato ad arruolarsi da volontario nella Grande guerra.

Parla di un manipolatore di masse che nell'aldilà (il titolo è *A Dead Statesman*) deve confrontarsi con le conseguenze delle sue bugie, affrontando coloro che ha mandato a morire.

Davanti a loro l'imbonitore non trova più parole, ha esaurito le bugie. Dice: "*Quale fiaba mi inventerò in mezzo a questa mia gioventù defraudata e furibonda [con me]?*".

Chissà cosa sapranno inventarsi, i barbari, quando l'Europa delle nazioni, con i suoi ventisette sistemi fiscali, i suoi ventisette stati maggiori e il suo assurdo sistema di veto sarà travolta dagli eventi.

L'incantesimo

Come ho fatto a dimenticare la Polonia? La Polonia, che sembrava perduta alla democrazia e che invece ha fatto partire un segnale che nessuno si attendeva, rovesciando il più bieco populismo di destra al potere.

Nell'ottobre 2023 questo Paese ha vissuto uno di quegli improvvisi risvegli che lasciano senza fiato. È come se un popolo intero fosse uscito dall'incantesimo, stanco della stagnazione culturale e dell'eterno, funebre martirologio dei sovranisti duri.

Monika, la polacca, la grande esploratrice di frontiere, esulta perché l'indifferenza si è rotta, i giovani si sono svegliati, hanno smesso di farsi dire che "tanto è inutile" e che "qualsiasi cosa si faccia, non influirà sul mondo".

Racconta: "Si sono viste scene bellissime: cittadini fare la coda ai seggi fino all'alba, ore e ore dopo la chiusura teorica del voto, e altri cittadini portare loro cibo caldo come incoraggiamento. E poi gli scrutatori, che non hanno avuto il coraggio di chiudere i seggi alle 22.00, di fronte alla forza partecipativa della democrazia. Non è straordinario che questa forza sia riuscita a far saltare le regole?".

La vittoria si è giocata nelle ore gelide del buio. La Polonia dimostra che se "loro", come tutti i tombaroli, si muovono di notte, è di notte che possono essere battuti. Così pensavo, ascoltando quel bollettino della vittoria.

I giovani, ha aggiunto Monika, sono "stufi di scappare altrove, e ora rivendicano i loro spazi di immaginazione".

E poi c'è la Germania, che ha riempito le piazze con due milioni di cittadini antifascisti, in gran parte giovani. Uno spettacolo pazzesco. "Wir, wir, wir sind die Brandmauer!" hanno gridato in concerto a Berlino. Noi siamo la barriera tagliafuoco! Noi impediremo l'incendio. Noi li batteremo con le parole, alla faccia di chi crede che le parole siano inutili.

Per l'8 marzo, la Festa della donna, un nuovo fiume di gente ha confermato la voglia di un intero Paese di esserci, di partecipare, di fare politica.

Grande, grandissima Germania. È magnifico scoprire che proprio là dove il pericolo è maggiore, la resistenza suona più forte le sue trombe.

Non sarà affatto facile, ma ora potrebbe essere proprio la Polonia uscita dal grande freddo comunista, la Polonia che sembrava prigioniera del più cupo sovranismo proibizionista, a rovesciare, grazie all'ingresso in campo dei suoi ragazzi, gli equilibri europei a favore del federalismo, con la benedizione dall'alto di uomini come Jean Monnet, Altiero Spinelli, Konrad Adenauer e degli altri grandi padri fondatori.

La rugiada

Inestimabili minuti prima dell'alba
le ombre della notte hanno paura, si rintanano nella foresta
la gatta esce di nuovo, perché il mondo è troppo interessante
alle cinque c'è stata come una svolta nel cielo
e ora si avverte lo scricchiolio del giorno che preme
la puzza di carne bruciata si dirada
la rugiada evapora
il gallo canta, altri galli rispondono
l'Europa emerge dal buio
il suo primo fuso orario impallidisce

un'avvisaglia di sole illumina le cime dei Carpazi
dilaga nella pianura pannonica
ha già tinto di viola le alture dei Balcani
ora indora i laghi della Carelia
plana col vento sul Mar Baltico
accende l'Appennino
sorvola le Alpi Orientali
tocca la guglia di Santo Stefano a Vienna
risale il Danubio tingendolo di rosa
si prepara a pettinare la campagna francese
tra un'ora sarà oltre il Rodano e i Pirenei
trafiggerà il meridiano di Greenwich
per precipitare nell'Oceano.

Le primule

Dai che spunta il sole.

Esco sulla prateria, tra i cavalli al pascolo.

Il corpo esulta; passo, respiro e battito cardiaco si sincronizzano.

Odore di letame e talpe al lavoro nei prati; la mia è una campagna senza veleni.

Uno stormo enorme di gru passa a bassa quota, facendo un frastuono bestiale, e punta a nord-est.

Riempiono il cielo in un attimo, par di sentire l'attacco dell'*Italiana* di Mendelssohn, diretta da Guido Cantelli, così come l'ho sentita da ragazzo.

Vanno verso il Danubio e i Carpazi. Cavalcarle vorrei, come Nils Holgersson sulla sua oca.

La luce esplode oltre le ultime Alpi d'Oriente, e per un attimo ogni minima convessità getta ombre lunghissime.

Luce nelle radure ondulate piene di crochi e bucaneve.

Presto sarà il tempo delle primule.

Da un lato i colori forti del Mediterraneo, dall'altra quelli pastello dell'Europa continentale.

Aspetto le rondini; i nidi sono già pronti in cantina.

Des loups sont sortis de Paris
Soit par Issy, soit par Ivry.

Ringraziamenti

Ringrazio per gli spunti avuti prima e durante la frenetica stesura di questo pamphlet:

Alida Ares, ispanista
Alexander van der Bellen, presidente della Repubblica austriaca
Maurizio Benvenuti, geografo
Pep Bernadas, antropologo e libraio di viaggi
Luiza Białasiewicz, studiosa di geografia politica
Mario Brunello, violoncellista
Monika Bulaj, scrittrice, fotografa e reporter
Antonio Calò, insegnante di storia e filosofia
Claudio Cumani, astrofisico
Lucia Dambrosio, guida turistica
Francesca Debenedetti, giornalista
Manault Deva, attrice e scrittrice
Azzurra Giorgi, giornalista
Giulio Groppi, ex funzionario Ue
Sara Hoffmann, sindacalista
Hanspeter Kowalski, pensionato

Riccardo Laterza, politico e sociologo
Bruno Luverà, giornalista
Diego Marani, scrittore
Arnoldo Mosca Mondadori, scrittore
Carlus Padrissa, regista e scenografo
Romano Prodi, ex presidente della Commissione Ue
Francesco Ronchi, funzionario del parlamento Ue
Alessandro Scillitani, regista e produttore
Mirjana Tomić, direttrice di seminari internazionali
Norberto Villa, abate del monastero di Praglia.

Ma soprattutto ringrazio, per l'attenzione con cui hanno sorvegliato la scrittura, mia moglie Irene e l'infaticabile Giovanna Salvia.

E infine, per l'ispirazione che ne ho tratto:
Luciano Canfora, Javier Cercas, Régis Debray, Mathias Énard, Orlando Figes, Laurent Gaudé, Bernard Guetta, Thomas Gunzig, Stéphane Hessel, Ivan Krastev, Claudio Magris, Max Mannheimer, Ezio Mauro, Czesław Miłosz, David Sassoli, George Steiner, Yanis Varoufakis, Éric Vuillard.

Indice